Umwelt*freunde* 3

Ein Sachbuch
für die Grundschule

Herausgegeben von
Inge Koch

Herausgegeben von
Inge Koch

Erarbeitet von
Inge Koch und der Cornelsen Redaktion Grundschule

Unter Einbeziehung der Ausgaben von
Silvia Ehrich, Rüdiger Horn, Inge Koch, Christine Köller, Rolf Leimbach, Silke Nitschel

Redaktion
Anne-Katrin Pietsch

Unter Beratung von
Gabriele Grünes, Magdala; Martin Kühnemann, Sangerhausen; Laura Lachmann, Erfurt; Carmen Loerzer, Altkalen; Karin Müller, Kayna

Illustrationen
Yaroslav Schwarzstein
Lisa Apfelbacher, Uta Bettzieche, Eleonore Gerhaher, Gabriele Heinisch, Katharina Knebel, Hans Wunderlich

Karten
PETER KAST • Ing.-Büro für Kartographie, Wismar

Umschlaggestaltung
Cornelia Gründer, Corngreen GmbH, Leipzig;
Uta Bettzieche (Detektiv und Hund), Cornelsen/tritopp (Schraffur), Eleonore Gerhaher (Covermotiv)

Layoutkonzept
klein & halm, Berlin

Layout und technische Umsetzung
Reemers Publishing Services GmbH, Krefeld

www.cornelsen.de

Soweit in diesem Lehrwerk Personen fotografisch abgebildet sind und ihnen von der Redaktion fiktive Namen, Berufe, Dialoge und Ähnliches zugeordnet oder diese Personen in bestimmte Kontexte gesetzt werden, dienen diese Zuordnungen und Darstellungen ausschließlich der Veranschaulichung und dem besseren Verständnis des Inhalts.

Dieses Werk enthält Vorschläge und Anleitungen für Untersuchungen und Experimente. Vor jedem Experiment sind mögliche Gefahrenquellen zu besprechen. Beim Experimentieren sind die Richtlinien zur Sicherheit im Unterricht einzuhalten.

1. Auflage, 1. Druck 2025

Alle Drucke dieser Auflage sind inhaltlich unverändert und können im Unterricht nebeneinander verwendet werden.

© 2025 Cornelsen Verlag GmbH, Mecklenburgische Str. 53, 14197 Berlin, E-Mail: service@cornelsen.de

Das Werk und seine Teile sind urheberrechtlich geschützt. Jede Nutzung in anderen als den gesetzlich zugelassenen Fällen bedarf der vorherigen schriftlichen Einwilligung des Verlages. Hinweis zu §§ 60 a, 60 b UrhG: Weder das Werk noch seine Teile dürfen ohne eine solche Einwilligung an Schulen oder in Unterrichts- und Lehrmedien (§ 60 b Abs. 3 UrhG) vervielfältigt, insbesondere kopiert oder eingescannt, verbreitet oder in ein Netzwerk eingestellt oder sonst öffentlich zugänglich gemacht oder wiedergegeben werden. Dies gilt auch für Intranets von Schulen und anderen Bildungseinrichtungen.

Der Anbieter behält sich eine Nutzung der Inhalte für Text- und Data-Mining im Sinne § 44 b UrhG ausdrücklich vor.

Druck: H. Heenemann, Berlin

ISBN: 978-3-464-81271-6

PEFC-zertifiziert
Dieses Produkt stammt aus nachhaltig bewirtschafteten Wäldern
PEFC/04-31-1156
www.pefc.de

Inhalt

In der Schule 5
Schule anderswo 6
Mein Zuhause 8
Der Klassenrat tagt 10
Mitbestimmung 12

Medien nutzen 13
Medien nutzen und bewerten 14
Informationen im Internet finden 16
Medien gestalten 18

Im Herbst 19
Das Wetter beobachten und vorhersagen 20
Wolken und Niederschlag 22
Im Herbst wird es windiger und kühler 24
Lichter im Herbst 26

Miteinander leben 27
Wie Familien leben 28
Feste weltweit 30
Aus vielen Ländern 32

Im Winter 33
Feuer entfachen und löschen 34
So schützt du dich im Brandfall 36
Schnee und Eis 38

Das tut mir gut 39
Essen, trinken und verdauen 40
Knochen, Gelenke und Muskeln 42
Die fünf Sinne 44
Sehen und tasten 46
Hören 48
Gestresst? Entspann dich! 50

Mit dem Fahrrad unterwegs 51
Sicher fahren 52
Regeln und Verkehrszeichen 54
Verhalten im Straßenverkehr 56

Im Frühling 57
Wasser verwandelt sich 58
Der Kreislauf des Wassers 60
Schwimmen und Sinken 62
Der Natur auf der Spur 64
Wie Pflanzen sich vermehren 66
Kleine Helfer 68

Früher und heute 69
Deine Umgebung verändert sich 70
Getreideernte früher und heute 72
Historische Quellen 74

Auf Hof und Feld 75
Wildschwein und Hausschwein 76
Intensive und ökologische Tierhaltung 78
Im Sommer reift das Korn 80
Vom Korn zum Brot 82
Der Feldhamster 84

Im Sommer ... 85
Der Tagbogen der Sonne ... 86
Auf der Wiese ... 88
Wiesenbewohner ... 90
Artenvielfalt ... 92

Wo wir leben ... 93
Meinen Ort erkunden ... 94
Kleine Pläne, große Pläne ... 96
Landkreise und kreisfreie Städte ... 98
Die Wirtschaft in unserem Landkreis ... 100
Die Müllentsorgung ... 102
Müll vermeiden ... 104

Mein kleiner Atlas ... 105
Eine Landkarte lesen ... 106
Mit dem Kompass arbeiten ... 108
Mein Landkreis (Sachsen) ... 110
Mein Landkreis (Sachsen-Anhalt) ... 111
Mein Landkreis (Mecklenburg-Vorpommern) ... 112
Mein Landkreis (Thüringen) ... 113
Eine thematische Karte gestalten ... 114

Glossar ... 115

In der Schule

1 Was sollen Kinder überall auf dieser Welt lernen?

1 Alle Kinder überlegen sich Antworten auf die Einstiegsfrage. Die Abbildungen auf der Seite liefern Anregungen und Hilfestellungen. Die genannten Beispiele können an der Tafel dokumentiert werden. Im Anschluss werden die Vorschläge begründet und besprochen.

Schule anderswo

1. Vier Kinder in anderen Ländern erzählen von ihrem Schulalltag. Suche dir ein Kind aus. Gib wieder, was es berichtet.

2. Findet die vier Länder auf einem Globus oder auf einer Weltkarte.

Jesse in Australien

Ich wohne auf einer Farm im **Outback**. Die nächste Stadt mit einer Schule ist acht Autostunden von uns entfernt. Deshalb lerne ich zu Hause, genau wie die anderen sieben Kinder in meiner Klasse. Wir haben Online-Unterricht. Unsere Lehrerin heißt Mrs. Thompson. Manchmal denkt sie sich etwas Lustiges aus. Als es um unsere Tierwelt ging, erschien sie im Känguru-Kostüm auf dem Bildschirm.

Good morning!

Lesedi in Namibia

Ich brauche fast zwei Stunden bis zur Schule – zu Fuß. Das Lernen macht mir Spaß. Der Unterricht ist in meiner Sprache Oshivambo. Ab der fünften Klasse wird in Englisch unterrichtet. Einige Kinder gehen nach der Grundschulzeit von sieben Jahren nicht weiter zur Schule. Sie müssen ihren Eltern bei der Arbeit helfen.

Walelepo!

早上好
(Zaoshang hao)

Liu in China

Bei uns beginnt die Schule mit Frühsport. Der Schultag dauert von 7:30 bis 16:00 Uhr. Mittags haben wir zwei Stunden Pause. Meine Schwester Mei und ich gehen in dieselbe Klasse. Das finde ich meistens gut, weil wir uns bei den Hausaufgaben helfen können. Bis zum Ende der Grundschulzeit müssen wir über 2 000 Schriftzeichen lernen!

Bonjour!

Solène in Frankreich

Der Unterricht beginnt um 8:30 Uhr. Bis zum Mittag haben wir nur eine kurze Pause. Es gibt aber schon um 11:30 Uhr Mittagessen in der Kantine. Danach haben wir noch drei Stunden Unterricht. Meine Lieblingsfächer sind Französisch und Technik. Neulich haben wir eine Rakete nachgebaut. Ich bin außerdem im Schulchor.

3 Schreibe einen kurzen Text zu deinem Schulalltag.

4 Vergleiche die Erzählungen der Kinder mit deinem Schulalltag.

3 Einen Text zum eigenen Schulalltag verfassen. Davor gemeinsam überlegen, welche Aspekte anklingen könnten (Fakten wie Schulbeginn, Klassengröße sowie individuelle Angaben wie Schulweg, Lieblingsfach).
4 Den Schulalltag der vier Kinder mit dem eigenen vergleichen. Weiteres über die Länder in Erfahrung bringen.

Mein Zuhause

1 In welchen Orten wohnen die Kinder? Erzähle: Ida wohnt in ...

2 Such dir ein Kind aus. Beantworte die Frage unter dem Text.

Ida

Meine Eltern sind vor einem halben Jahr mit mir von der Ostsee nach Thüringen gezogen. Sie wollten näher bei meinen Großeltern wohnen. Wir leben in Sonneberg. Ich mag die Berge hier, aber das Meer vermisse ich schon ganz schön! Und meine beste Freundin Leni. In den Ferien werde ich sie besuchen.

Wie ist es wohl, an einen anderen Ort zu ziehen?

Artem

Ich habe in Cherson gelebt. Das ist eine Stadt in der Ukraine. Als der Krieg begann, flüchtete meine Mutter mit mir und meiner Schwester nach Deutschland. Jetzt gehe ich in Chemnitz zur Schule. Inzwischen spreche ich schon gut Deutsch. Ich vermisse die Kinder aus meiner Klasse in Cherson und habe manchmal Heimweh.

Was könnte Artem helfen, sich wohlzufühlen?

Lenny

Ich lebe in Ferdinandshof in Mecklenburg-Vorpommern. Das Dorf hat rund 2 700 Einwohner. Meine Freunde wohnen um die Ecke. Wir treffen uns oft zum Spielen. Diesen Sommer wollen wir im Garten meiner Oma zelten. Jeder kennt jeden. Manchmal gibt es Hoffeste, bei denen alle zusammen feiern.

„Jeder kennt jeden", sagt Lenny. Wie ist das bei dir? Wie gut kennst du deine Nachbarschaft?

---

1 Die Wohnorte der Kinder aus den Texten herauslesen. **2** Versuchen, sich in die Lage der Kinder zu versetzen. Thematisiert werden das Verlassen einer vertrauten Umgebung und die Herausforderung, sich einzuleben (Ida, Artem, Tim) und das Zugehörigkeitsgefühl durch soziale Eingebundenheit und Familientraditionen (Lenny, Hoa).

Hoa

Mein Zuhause ist Halle. Meine Oma und mein Opa kamen in den 1970er Jahren aus Vietnam nach Deutschland, wo ihnen eine Arbeitsstelle angeboten wurde. Ich habe noch Verwandte in Vietnam, und ich liebe das vietnamesische Mondfest. Wir feiern es bei uns zu Hause. Es gibt dann einen leckeren Mondkuchen.

Was wird in deiner Familie gefeiert?

Tim

Ich wurde in Berlin geboren und wohne jetzt wieder hier. Mein Vater arbeitete längere Zeit in Griechenland und in Südafrika. Meine Mutter und ich zogen mit. In Südafrika habe ich gut Englisch sprechen gelernt. Es ist schwer, immer wieder neue Freunde zu finden. Aber gestern habe ich Jonas Fotos von Südafrika gezeigt. Er fand besonders die „Big Five" toll: Elefant, Nashorn, Kaffernbüffel, Löwe und Leopard. Vielleicht wird Jonas mein Freund.

Würde es dir gefallen, so wie Tim zu leben? Begründe deine Antwort.

3 Nicht jeder fühlt sich da, wo er wohnt, zu Hause. Überlege: Was ist dir wichtig, damit du dich zu Hause fühlst?

Willkommen in meiner Hütte!

Das Mondfest, das Hoa feiert, wird auch auf S. 31 thematisiert. **3** Erzählen: Was bedeutet „sich zu Hause fühlen" oder „sich daheim fühlen"? Über Gründe sprechen, warum Menschen ihr Zuhause verlassen (z.B. Berufswechsel, Schutz vor Krieg, Naturkatastrophen).

Der Klassenrat tagt

1 Was ist ein Klassenrat? Erkläre.

Aktuelle Themen sollten in eurer Klasse immer gemeinsam besprochen werden. Das ist wichtig für ein gutes Miteinander. Damit solche Beratungen einen festen Platz finden, könnt ihr einen Klassenrat gründen. Der Klassenrat ist eine Versammlung der Kinder einer Klasse. Hier werden Themen beraten, die alle angehen. Alle können ihre Meinung einbringen. Entscheidungen werden gemeinsam getroffen.

2 Was müsst ihr vor der Gründung eines Klassenrates klären?

Ich mache den Zeitwächter.

3 Welche Ämter gibt es im Klassenrat?

Wann tagt der Klassenrat?

Wo versammeln wir uns?

Wer bestimmt die Themen?

Wie halten wir die Ergebnisse fest?

Wer kontrolliert die Beschlüsse?

4 Diese Regeln wurden in Alis und Enas Klasse festgelegt.
Entscheidet nach einer eigenen Klassenrat-Sitzung:
Welche Regeln findet ihr gut? Welche möchtet ihr ergänzen?

Regeln für den Klassenrat

- Ich melde mich, wenn ich etwas sagen möchte.
- Ich höre den anderen aufmerksam zu.
- Ich erkenne auch die Meinungen anderer Kinder an.
- Ich lache niemanden aus.
- …

5 Sammelt Themen für euren Klassenrat.
Schreibt eine Woche lang auf Zettel in verschiedenen Farben.
Am Ende der Woche beratet ihr im Klassenrat über einige Themen.

Die Woche in unserer Klasse

Was mir gefällt — Wir habe jetzt eine Forscher-Ecke. Wann wollen wir Versuche machen? *Maya*

Was mich ärgert — Paul wird geärgert, weil er schlecht lesen kann.
Im Raum liegt oft Müll neben dem Mülleimer. *Tao*

Was ich mir wünsche — Wir sollten über unser Klassenfest beraten. *Theo*
Können wir einen Schulhund haben?

---

4 Die Regeln lesen, ergänzen und ggf. auf einem Plakat festhalten. **5** Die Beispiele auf der Tafel lesen und eine Woche lang eigene Anliegen für den Klassenrat auf Zetteln notieren. Besprechen, welche Themen grundsätzlich im Klassenrat zur Sprache kommen sollten.

AH S. 4/5

FREUNDESEITE

Mitbestimmung

A **Wer bestimmt? Bestimmt wer?**

Lies, was die Geschwister zueinander sagen.
Was meinst du dazu?
Wie könnte der Streit gelöst werden?

„Du räumst auf! Das Zimmer gehört dir nicht allein!"

„Du hast mir gar nichts zu befehlen!"

B **Abstimmung**

Eine Abstimmung kann offen oder anonym durchgeführt werden.
Eine anonyme Abstimmung ist eine geheime Abstimmung: Man sieht nicht, für was oder wen der andere stimmt. Wann ist das sinnvoll? Begründe.

„Wer ist für Tierpark Otterglück?"

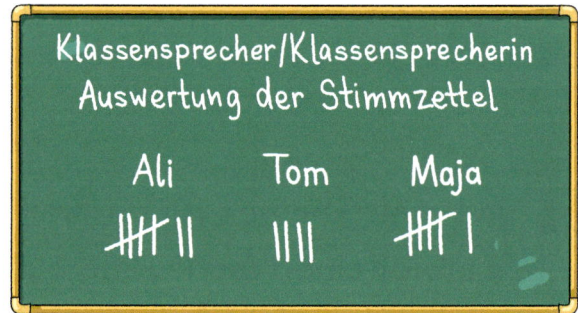

C **Mitsprache**

Schreibe deine Meinung zu einem der drei Sätze auf. Nutze ein Blatt Papier.

Immer entscheiden meine Eltern, was wir am Wochenende machen!

Ich möchte mitbestimmen, was es als Schulessen gibt.

Im Ort wird ein neuer Spielplatz gebaut. Die Spielgeräte dafür werden vom Gemeinderat ausgesucht.

A Den Streit der Geschwister analysieren: Welcher Ton wird angeschlagen? Wie könnte ein konstruktives Gespräch verlaufen? **B** Vor- und Nachteile einer offenen und anonymen Abstimmung/Wahl nennen. **C** Begründen, ob im jeweiligen Beispiel die Entscheidung allein bei Erwachsenen liegen sollte.

Medien nutzen

1 Welche Medien nutzt du?

1 Alle Kinder überlegen sich Antworten auf die Einstiegsfrage. Die Abbildungen auf der Seite liefern Anregungen und Hilfestellungen. Die genannten Beispiele können an der Tafel dokumentiert werden. Im Anschluss kann berichtet werden, was am jeweiligen Medium gefällt.

AH S. 6/7

Medien nutzen und bewerten

1 Wozu nutzt du welches Medium? Berichte.

Medien geben durch Schrift, Bild und Ton Informationen an uns weiter.
Wir nutzen sie zum Lernen, zur Unterhaltung und zum Kontakt mit anderen.

Wir lesen:	eine Zeitung, ein Buch, ein Plakat, Chat-Nachrichten ...
Wir hören:	Sprache und Musik im Radio, Hörspiele, Podcasts ...
Wir hören und sehen:	Sprache, Musik und Bilder im Fernsehen ...
Wir sprechen:	in das Smartphone ...
Wir schreiben:	E-Mails, Briefe, Chat-Nachrichten ...

Wichtige Medien:

- PC (Computer)
- Tablet-PC
- Smartphone
- Telefon
- Spielkonsole
- Fernseher
- CD-/DVD-Spieler
- Radio
- Buch
- Tageszeitung
- Zeitschrift

2 Im Alltag begegnen uns fast überall Medien. Wir nehmen ständig Botschaften auf. Welche Medien entdeckst du im Bild?

1 Zwischen visuellen, auditiven und audiovisuellen Medien unterscheiden. Darüber sprechen, welche Bedürfnisse die jeweiligen Medien erfüllen (Wissenserwerb, Unterhaltung, Kommunikation). **2** Medien im Bild entdecken und berichten, wie sie verwendet werden. Mutmaßungen anstellen, z.B.: „Was könnte auf dem Flyer stehen?"

AH S. 6/7/33

WW S. 4

3 Die Kinder sprechen über Computerspiele. Welche Kinder berichten von guten, welche von schlechten Erfahrungen?

Lukas

Ich habe mich beim Spielen einmal sehr erschrocken. Es war ziemlich brutal und auf keinen Fall für mein Alter geeignet.

Ich finde es toll, wie manche Spiele gestaltet sind. Vielleicht möchte ich später auch mal Game-Designerin werden.

Paula

Marie

Computer spielen kann süchtig machen. Mein Bruder hat eine Zeit lang nichts anderes mehr gemacht. Wir mussten ihn sogar ans Essen erinnern!

Bei vielen Computerspielen kann man aber auch etwas lernen.
Ich mag zum Beispiel Spiele, in denen Rätsel gelöst werden müssen.

Luise

Yara

Letztens habe ich aus Versehen mit nur einem Klick eine neue Welt im Spiel gekauft. Das war versteckte Werbung im Computerspiel! Meine Eltern fanden das gar nicht toll.

Mein Lieblingsspiel kann ich sogar zusammen mit meinen Freunden spielen. Über das Internet sind wir miteinander verbunden.

Valentin

4 Überlegt, welche Tipps ihr den Kindern geben würdet. Gestaltet ein Plakat mit Regeln für sichere Mediennutzung.

Informationen im Internet finden

1 Wie funktioniert die Suche in einer Kinder-Suchmaschine?
Lies die Anleitung und betrachte die Startseite.

1. Starte den Browser, das ist das Programm zum Surfen im Internet. In die Adresszeile oben gibst du den Namen der Suchmaschine ein, zum Beispiel:
www.Sherlock-fragen.Beispiel.corn

Hast du mich gesucht?

2. Du überlegst dir, was du wissen willst. Zum Beispiel:

Was fressen Störche?

3. Tippe einen Suchbegriff aus deiner Frage in das Suchfeld: **Störche.**
Du kannst auch mehrere Begriffe eingeben. Zum Beispiel: **Störche Nahrung**

4. Klicke auf **„Suche"** oder auf die Lupe.

2 Probiere die Suche in einer Kinder-Suchmaschine selbst aus. Beachte dabei diese Tipps zur Auswahl der Suchergebnisse.

- Wähle aus der Liste mit Internetseiten ein Suchergebnis aus und klicke es an.

- Überlege: Beantworten die Informationen auf dieser Seite meine Frage? Reichen die Informationen aus?
  Wenn ja, kannst du die Informationen auch speichern oder ausdrucken, zum Beispiel für eine Präsentation.

- Wenn du mit dem Suchergebnis nicht zufrieden bist, gehst du zurück und wählst ein anderes aus.

- Du kannst deine Suchbegriffe nochmal ändern.
  Achte immer auf die Rechtschreibung.
  Probiere auch einmal mehrere passende Suchbegriffe aus:
  Störche   Nahrung   Futter   Fressen

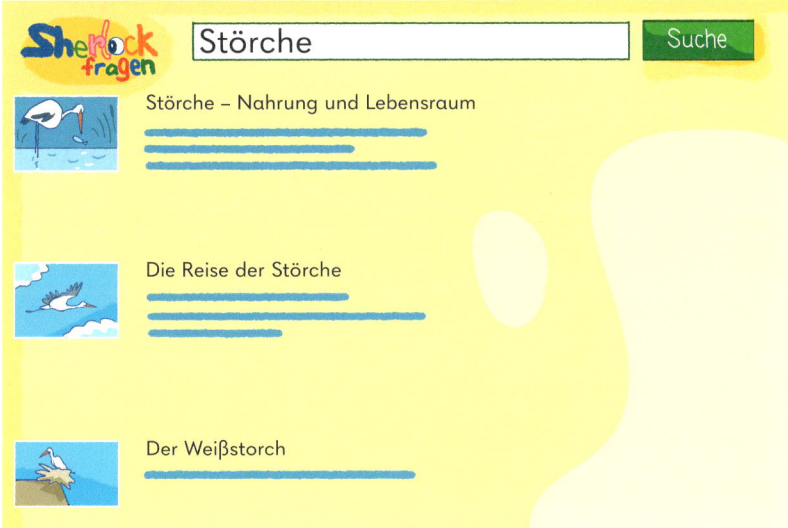

Im Internet sind auch Informationen zu finden, die nicht stimmen. Nutze deshalb bekannte Kinder-Suchmaschinen. Sie verweisen auf vertrauenswürdige Webseiten.

3 Informiert euch über den „Internet-Führerschein" und testet euer Wissen. Tauscht euch aus:

Was hast du Neues gelernt?   Warum ist solch ein Führerschein sinnvoll?

FREUNDESEITE

Medien gestalten

A Momente festhalten

Medien können dazu dienen, besondere Ereignisse festzuhalten: für euch selbst, für eure Klasse oder für andere.
Gestaltet ein eigenes Medium. Nutzt dazu diese Ideen:

B Neues verkünden

Gestaltet eine Wandzeitung. Auf ihr könnt ihr Neuigkeiten, Termine und Sonstiges bekannt geben.

A Medien kreativ verwenden. Entscheiden, welches Medium in Gruppen gestaltet werden soll. Aufwand, Materialien und Zuständigkeiten besprechen. B Wandzeitungen bieten viele Gestaltungsmöglichkeiten. Im Beispiel werden Termine, Neuigkeiten und Sonstiges für einen Monat bekannt gegeben.

WW S. 8/9

Im Herbst

1 Wofür sind Wettervorhersagen wichtig?

1 Alle Kinder überlegen sich Antworten auf die Einstiegsfrage. Die Abbildungen auf der Seite liefern Anregungen und Hilfestellungen. Die genannten Beispiele können an der Tafel dokumentiert werden. Im Anschluss werden die Vorschläge begründet und besprochen.

Das Wetter beobachten und vorhersagen

1 Der Deutsche Wetterdienst holt mit neuester Technik Informationen zum Wetter ein. Was kann auf Satelliten- und Radarbildern abgelesen werden?

In einer **Wetterstation** werden Daten zum Wetter erfasst, unter anderem die Temperatur, die Windgeschwindigkeit und die Niederschlagsmenge.

Wetterstationen empfangen sogar Bilder aus dem Weltraum. Diese werden von **Satelliten** geschickt. Die Bilder zeigen zum Beispiel Wolkenbewegungen.

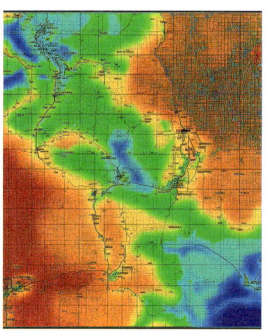

Auch **Radarbilder** liefern Informationen zum Wetter. Sie zeigen beispielsweise an, wo und wie viel Niederschlag fällt.

INTERESSANT

Als es noch keinen Wetterbericht gab, notierten sich die Bauern ihre Wetterbeobachtungen. Daraus entstanden sogenannte Bauernregeln. Oft trafen sie zu, aber nicht immer.

Oktober
Warmer Oktober bringt fürwahr stets einen kalten Februar.

Aus allen Informationen ermitteln Computer, wie sich das Wetter entwickeln wird. Wetterkarten werden erstellt und beim Wetterbericht im Fernsehen oder Internet eingesetzt.

Die Arbeit auf dem Feld oder im Obstanbau ist vom Wetter abhängig. Eine **Wetter-App** kann ein Hilfsmittel in der Landwirtschaft sein. Mit ihren Informationen lassen sich Aussaat, Bewässerung und Ernte gut planen.

2 Die Kinder beobachten das Wetter.
Überlege: Wofür benötigen sie welche Hilfsmittel?

3 Führt selbst Wetterbeobachtungen durch. Nutzt Hilfsmittel.
Vergleicht eure Beobachtungen mit den Wetterberichten für eure Region.

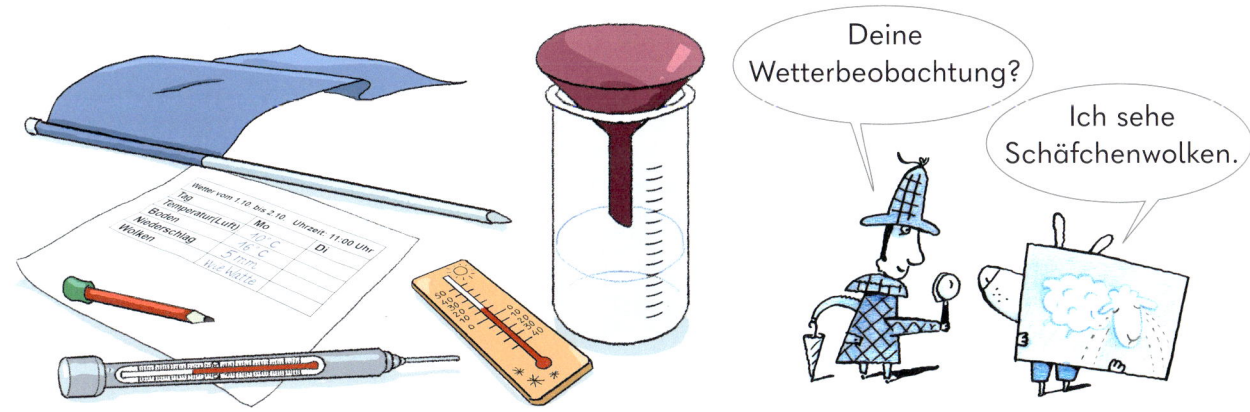

Wolken und Niederschlag

1 Beschreibe die Wolken auf den Bildern.
Welche Farben und Formen haben sie?

Wolken bestehen aus winzigen Wassertropfen und Eiskristallen.
Wolken bringen uns Niederschlag, wie zum Beispiel Regen oder Schnee.

Federwolken stehen hoch am Himmel. Sie bestehen nur aus Eiskristallen und sehen wie weiße Federn oder schmale Streifen aus. Federwolken kündigen oft wärmeres Wetter an. Damit kann Regen einhergehen.

Regenwolken oder **Gewitterwolken** sind große, dunkle, tief hängende Wolken. Sie bringen viel Niederschlag. Eine schwarze Wolkenwand warnt: Es könnte einen Sturm und ein Gewitter geben.

Schichtwolken bedecken den ganzen Himmel. Sie reichen fast bis zum Boden. Aus dieser grauen Wolkendecke fällt nur leichter Niederschlag wie Nieselregen oder Graupel.

Haufenwolken werden auch „Schäfchenwolken" genannt. Ihre Unterseite ist meist flach, die Oberseite bauschig wie Watte. Sie entstehen bei sonnigem Wetter, wenn etwas feuchte Luft aufsteigt.

1 Das Aussehen der Wolken auf den Fotos beschreiben. Erfahren, woraus Wolken bestehen und dass sie Niederschlag bringen. Die Wolkenformen benennen und Wettererscheinungen ableiten. Aus dem Fenster schauen und die Wolkenformen vor Ort beschreiben. Wenn passend, mit den gelernten Begriffen benennen.

2 Es gibt verschiedene Arten von Niederschlag.
Berichte, wie sie sich voneinander unterscheiden.

Regen

In einer Regenwolke stoßen viele winzige Wassertropfen aufeinander und verbinden sich zu großen Tropfen. Wenn sie schwer genug sind, fallen sie aus der Wolke. Es regnet.

Schnee

In der oberen, kälteren Schicht einer Wolke gefrieren die Wassertröpfchen. Sie werden zu Eiskristallen und verbinden sich zu Schneeflocken. Bei einer Lufttemperatur unter 0 °C schneit es.

Hagel

In einer Gewitterwolke herrschen starke Winde. Eiskristalle sinken nach unten und schließen sich mit Wassertropfen zu großen Tropfen zusammen. Diese werden nach oben gewirbelt und gefrieren. So entstehen große Eiskörner.

Graupel

Graupel sind weiche Eiskügelchen. Sie entstehen, wenn sich die Wassertröpfchen in einer Wolke um einen Schneekristall legen und das Ganze gefriert. Graupel sind kleiner als Hagelkörner und springen beim Fallen auf den Boden.

3 Luft enthält Wasserdampf. Daraus bilden sich unter bestimmten Bedingungen Tau, Reif und Nebel.
Suche Bilder von den drei Wettererscheinungen heraus.
Berichte, wie sie sich voneinander unterscheiden.

2 Durch das Vergleichen der Niederschlagsarten herausarbeiten, dass sie Wasser in zwei Zustandsformen zeigen (flüssig, fest). Ggf. über verschiedene Arten von Regen und Schnee sprechen. **3** In Sachbüchern oder im Internet Bilder von Tau, Reif und Nebel heraussuchen und die Wettererscheinungen vergleichen.

Im Herbst wird es windiger und kühler

1 Fertige eine Zeichnung vom Windkreislauf an wie unten gezeigt.

So entsteht Wind

Wo die Sonne scheint, erwärmt sich zuerst die Erde. Dann erwärmt sich die Luft über der Erde. Die erwärmte Luft steigt nach oben, weil sie leichter ist als kalte. Oben am Himmel kühlt sich die warme Luft wieder ab. Nun ist sie wieder schwerer und sinkt ab. Die kalte Luft strömt an die Stelle, an der die warme Luft aufgestiegen ist. Diesen Luftstrom nennt man Wind.

2 Überlege: Warum ist es zum Beispiel für Segler oder die Feuerwehr sehr wichtig, die Windrichtung und Windstärke zu kennen?

Die **Windrichtung** gibt an, woher der Wind weht. Man sagt zum Beispiel: Der Wind weht aus Westen.

Die **Windstärke** gibt an, wie stark der Wind bläst. Sie wird in Bereiche von 0 bis 12 eingeteilt.
Bei Windstärke 12 tobt ein Orkan.

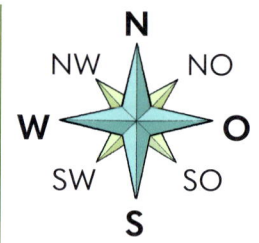

Eine **Windrose** zeigt die Himmelsrichtungen an:

N (Norden), O (Osten),
S (Süden), W (Westen)

NO (Nordost), SO (Südost),
SW (Südwest), NW (Nordwest)

1 Die Entstehung von Wind mithilfe von Text und Zeichnung nachvollziehen. Die Pfeile auf der Zeichnung verdeutlichen den Windkreislauf. Das Bild abmalen. **2** Die Himmelsrichtungen lernen und üben. Überlegen, welche Auswirkungen die Windrichtung und die Windstärke haben können.

3 Was genau stellt das Diagramm dar? Erkläre.

Im Herbst wird es kühler

Im Sommer steht die Sonne hoch am Himmel und scheint sehr lange. Im Herbst sind die Tage kürzer, und die Sonne steht nicht mehr so hoch am Himmel. Deshalb wird es kühler. Dieses Diagramm zeigt beispielhafte Temperaturen im Herbst an.

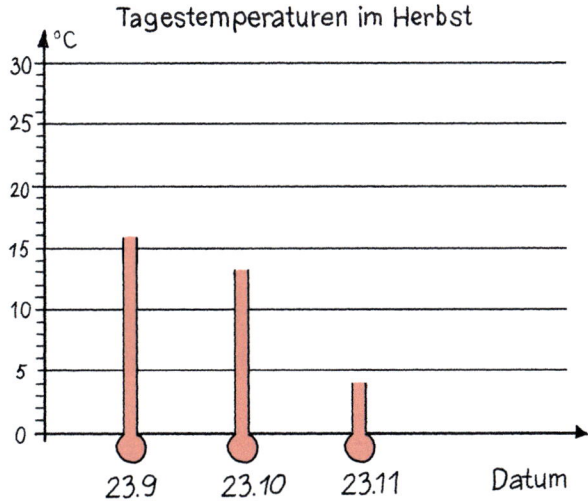

Der schwedische Wissenschaftler Anders Celsius stellte 1742 eine Temperatur-Skala vor, die sich nach dem Schmelz- und Siedepunkt von Wasser ausrichtet.

Wie bei einem Thermometer zeigen hier die gezeichneten Glasröhrchen die Grad Celsius an.

Am 23.09. betrug die Temperatur 16 °C.

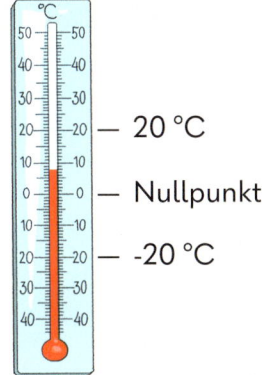

Man nennt
- den Punkt, an dem Wasser zu Eis wird: 0 Grad Celsius, kurz geschrieben 0 °C,
- den Punkt, an dem Wasser siedet (kocht): 100 °C.

Für das Messen der **Lufttemperatur** reicht aber ein Bereich zwischen -40 °C bis 50 °C.

4 Erstelle eine Tabelle nach diesem Muster. Trage alle Temperaturen des Diagramms aus Aufgabe 3 ein.

Herbst	
Datum	Grad Celsius
23.09.	16
23.10.	...
...	...

FREUNDESEITE

Lichter im Herbst

(A)

Ein Windlicht basteln

Ihr braucht:
- Marmeladenglas
- Deko-Steinchen (Granulat)
- Teelicht
- gepresste Herbstblätter
- Bast

Geht so vor:
- Presst zwei Tage vor dem Basteln ein paar bunte Blätter.
- Benutzt ein Marmeladenglas. Es muss gut ausgewaschen und getrocknet sein.
- Legt die Blätter um das Glas und bittet jemanden, den Bast herumzuwickeln.
- Füllt ein paar Deko-Steinchen in das Glas und stellt das Teelicht hinein. Fertig ist das Windlicht!

Warum heißt ein Windlicht Windlicht?

(B) **Ein alter Herbstbrauch**

Lange bevor in Deutschland Halloween gefeiert wurde, gab es den Brauch der Rübengeister. In einigen Regionen ist dieser Brauch noch bekannt, wie in Thüringen oder in der Oberlausitz. Ende Oktober oder Anfang November stellen die Kinder die leuchtenden Rüben in die Gärten der Nachbarn. Dann bitten sie mit einem Spruch um Süßigkeiten.

Dichte einen eigenen Spruch über die Rübengeister.

Wir sind die Rübengeister und haben einen Meister. Der Meister hat befohlen, wir sollen etwas holen.

Miteinander leben

1 Wer gehört zur **Familie**?

> Einmal im Jahr ist Familientreffen. Dann kommen auch meine Tante, mein Onkel und meine Cousine aus Irland.

> Ich wachse bei meiner Oma auf.

> Mein Kater Baldur gehört auf jeden Fall zur Familie.

1 Alle Kinder überlegen sich Antworten auf die Einstiegsfrage. Die Abbildungen auf der Seite liefern Anregungen und Hilfestellungen. Die genannten Beispiele können an der Tafel dokumentiert werden. Im Anschluss werden die Vorschläge begründet und besprochen.

Wie Familien leben

1 Wähle ein Foto aus.
Erzähle, wie du dir einen Tag in dieser Familie vorstellst.

2 Lies den Text und beantworte die Fragen.

Oft werden in einer Familie **Bräuche** und Wissen von einer Generation zur nächsten weitergegeben. Zum Beispiel: Die Eltern singen mit den Kindern Lieder, die sie schon aus ihrer Kindheit kennen. Oder die Eltern kochen nach Rezepten, die sie von ihren Eltern übernommen haben.
Die Eltern einigen sich darauf, welche Fest- und Feiertage in ihrer Familie von Bedeutung sein sollen.

Bräuche, die von einer Generation an die nächste weitergegeben wurden, nennt man **Traditionen**. Es können auch neue Traditionen geschaffen werden.

Es ist übrigens nicht nur so, dass Kinder etwas von ihren Eltern lernen. Wenn du deinen Eltern ein Lied vorspielst, das sie zum ersten Mal hören, haben sie etwas von dir gelernt.

- Gibt es einen Brauch in deiner Familie, den schon deine Großeltern gepflegt haben?
- Was haben deine Eltern oder Großeltern von dir gelernt?

3 Befrage ein Partnerkind:
Was kann ich über deine Familie erfahren?

Das Rezept ist von meiner Oma!

- ein Essen, das bei euch oft gekocht wird
- ein Wort in einer anderen Sprache
- einen Film, den ihr öfter schaut
- einen Brauch
- ...

4 Drei Kinder erzählen etwas über ihre Familie.
Schreibe einen kurzen Text über deine Familie.

Finn

Meine Eltern konnten nicht ausreichend für mich sorgen, deshalb lebe ich in einer Pflegefamilie. Meine Schwester dort ist fast so alt wie ich. Wir verstehen uns gut. Wir haben sogar dasselbe Hobby: Schwimmen.

Amana

Karl

Mein Vater hat ein paar Jahre in Indien gearbeitet. Dort hat er meine Mutter kennengelernt. Nach acht Jahren sind wir von Indien nach Deutschland gezogen. Meine Mutter gibt Kurse für den Bollywood-Tanz. Mir macht das Tanzen auch Spaß!

Ich habe fünf Geschwister. Manchmal gehen sie mir auf die Nerven, zum Beispiel, wenn alle gleichzeitig etwas erzählen wollen. Meistens finde ich es aber gut. Wir können gemeinsam etwas spielen, und es wird nie langweilig.

Feste weltweit

1 Weihnachten wird in vielen Ländern gefeiert. Aber nicht überall gleich. Erzähle von Weihnachtsbräuchen, die du kennst.

In **Großbritannien** versammelt sich die Familie am Morgen des ersten Weihnachtsfeiertages um den Weihnachtsbaum. Dort werden die Geschenke ausgepackt. Mittags gibt es ein festliches Weihnachtsessen. Dann werden die Christmas Cracker gezogen. Die Knallbonbons enthalten Papierkronen und kleine Überraschungen.

In **Finnland** heißt der Weihnachtsmann Joulupukki. Am Heiligen Abend, also am 24. Dezember, bringt er mit dem Rentierschlitten die Geschenke. Die Familien essen gut und sitzen gemütlich zusammen. Vorher gehen sie in die Sauna. Viele Familien besuchen am Heiligen Abend auch den Friedhof und schmücken die Gräber weihnachtlich.

In **Australien** ist es sommerlich warm, wenn Weihnachten gefeiert wird. Die Temperatur beträgt oft über 30 °C. Straßen und Häuser sind festlich geschmückt. Santa Claus, der Weihnachtsmann, bringt Geschenke. Ausgepackt werden sie am ersten Weihnachtsfeiertag.

2 So feiern die Kinder in Brasilien und in Spanien Geburtstag. Wo würdest du gern mitfeiern? Begründe.

In **Brasilien** feiern manche Kinder mit sehr vielen Gästen. Sie suchen sich ein Motto für ihre Party aus, wie zum Beispiel „König der Löwen".

In **Spanien** wird eine Piñata aufgehängt. Die Geburtstagsgäste schlagen mit verbundenen Augen danach. Wenn die Piñata aufreißt, fallen Süßigkeiten heraus.

INTERESSANT

In Vietnam gibt es kein Fest am Geburtstag. Erwachsene und Kinder feiern am Neujahrsfest gemeinsam, dass sie ein Jahr älter geworden sind.

3 Gestalte nach dem Muster ein Kärtchen über ein Fest deiner Wahl. Schreibe einen kurzen Text und klebe Bilder auf. Stellt alle Kärtchen in der Klasse aus und sprecht gemeinsam über die Feste.

Im Herbst wird in vielen asiatischen Ländern das Mondfest gefeiert.
Im Mittelpunkt steht der Vollmond in all seiner Pracht.
Die Straßen sind mit Laternen geschmückt.
Zum Essen gibt es Mondkuchen mit süßer oder herzhafter Füllung.

FREUNDESEITE

Aus vielen Ländern

A **Essen aus anderen Ländern**

Viele Gerichte, die wir kennen, stammen aus anderen Ländern.

Nennt Gerichte und überlegt, aus welchen Ländern sie sind. Ihr könnt ein Spiel daraus machen wie die Kinder auf dem Bild.

B **Lebensmittel von hier und anderswo**

Woher stammen die Lebensmittel, die wir täglich zu uns nehmen? Achtet beim nächsten Einkauf darauf.

Präsentiert eure Ergebnisse in einem Lapbook. Faltet ein großes Blatt Zeichenkarton so, dass ihr es auf- und zuklappen könnt. Auf die Innenseiten klebt ihr Bilder, Klappkarten, Leporellos, Umschläge …

C **Warentransport**

Durch die Luft und über das Meer, auf der Schiene und auf der Straße – aus vielen Ländern gelangen Waren nach Deutschland.

Warum werden Kleidung, Lebensmittel und andere Waren auch aus anderen Ländern gekauft? Überlegt euch Gründe.

A Erkennen, dass die kulinarische Vielfalt in Deutschland einhergeht mit kultureller Vielfalt.
B Die wirtschaftlichen Verflechtungen zwischen Ländern wahrnehmen.   **C** Gründe für Import und Export besprechen und ggf. auch Vor- und Nachteile (gute Versorgung, Folgen für die Umwelt …).

Im Winter

1 Was machst du gern im Winter?

1 Alle Kinder überlegen sich Antworten auf die Einstiegsfrage. Die Abbildungen auf der Seite liefern Anregungen und Hilfestellungen. Die genannten Beispiele können an der Tafel dokumentiert werden. Im Anschluss können die Kinder erzählen, was sie für den kommenden Winter planen.

Feuer entfachen und löschen

1 Was ist nötig, damit ein Feuer brennt?
Das Verbrennungsdreieck unten verrät dir, ob du richtig vermutet hast.

Damit ein Feuer brennt, müssen drei Bedingungen erfüllt sein.

Verbrennungsdreieck

Ein Feuer braucht Sauerstoff. Sauerstoff ist ein Teil der Luft.

Ein Feuer braucht eine hohe Temperatur. Nur so entzündet sich das Brennmaterial.

Ein Feuer braucht Brennmaterial wie zum Beispiel Holz.

---

1 Erzählen, zu welchen Anlässen ein Feuer entfacht wird. Überlegen, welcher Brennstoff sich für ein Kaminfeuer und für den Grill eignet. Vermuten, welche Voraussetzungen zum Brennen eines Feuers erfüllt sein müssen. Die Vermutungen mithilfe des Verbrennungsdreiecks verifizieren.

AH S. 14

2 So lässt sich ein Feuer löschen. Lies die Texte.
Stelle einen Bezug zum Verbrennungsdreieck in Aufgabe **1** her.

| Temperatur senken | Brennmaterial entziehen | Sauerstoff entziehen |

Brennt Papier, kann es mit Wasser gelöscht werden.
Das Wasser senkt die Temperatur des Feuers.

Wird beim Lagerfeuer kein Holz nachgelegt, erlischt das Feuer. Ihm wird das Brennmaterial entzogen.

Wer einen Kerzenlöscher über eine Flamme stülpt, erstickt sie. Dem Feuer wird der Sauerstoff entzogen.

3 Führt das Experiment durch. Zündet Kerzen nur im Beisein einer erwachsenen Person an.

EXPERIMENT

Welche Flamme geht zuerst aus?

Ihr braucht:
- 2 Teelichter
- 2 Porzellanteller
- 2 Gläser in unterschiedlicher Größe
- Streichhölzer

Geht so vor:

Stülpt das kleine Glas über das Teelicht.

Stülpt das große Glas über das Teelicht.

So schützt du dich im Brandfall

1 Lies den Text. Erzähle deinen Eltern, wie du dich bei einem Brand verhalten würdest.

Bricht ein Feuer in dem Zimmer aus, in dem du dich aufhältst:

- Bewahre die Ruhe.
- Schließe, wenn möglich, offene Fenster. Verlasse den Raum. Schließe die Tür.
- Verlasse das Gebäude.
- Mach Erwachsene auf den Brand aufmerksam oder alarmiere selbst die Feuerwehr (Notruf 112).

Brennt es in einem anderen Raum im Gebäude:

- Bewahre die Ruhe.
- Wenn der Fluchtweg durch Feuer oder Rauch abgeschnitten ist, bleibe im Zimmer.
- Dichte den Türspalt mit einem Tuch ab.
- Mach auf dich aufmerksam (Telefon oder Rufe am geöffneten Fenster). Warte auf Hilfe.

Achtung! Brennendes Öl in der Pfanne darf nie mit Wasser gelöscht werden. Denn dann entsteht eine riesige Stichflamme. Das Feuer muss erstickt werden. Das übernimmt eine erwachsene Person.

2 Schildere die jeweilige Situation der Kinder. Die Informationen aus Aufgabe 1 können helfen.

1

2

3 Anweisungen sind leichter zu befolgen, wenn man versteht, wozu sie gut sind. Überlege dir eine weitere Regel zum Brandschutz und erkläre sie.

Fenster schließen!	**Nicht den Aufzug benutzen!**	**Im Zimmer bleiben und auf Hilfe warten, wenn der Nebenraum voller Rauch ist!**
Warum? Durch das Fenster kann Sauerstoff in das Zimmer dringen, der das Feuer anfacht.	**Warum nicht?** Wenn es einen Stromausfall gibt, könnte der Aufzug zur Falle werden. Hinzu kommt: Der Rauch sammelt sich im Fahrstuhlschacht, sodass man ersticken kann.	**Warum?** Nicht nur das Feuer ist gefährlich, sondern auch der Rauch. Wird der Rauch eingeatmet, kann er schnell tödlich sein.

4 Macht euch gemeinsam über den Brandschutz in eurer Schule schlau. Beantwortet die Fragen rechts.

Brandschutz in der Schule

- Wo hängt der **Alarmplan** zum Brandschutz?
- Wo ist euer Sammelplatz?
- Kennt ihr die Rettungswege?
- Wie klingt das Alarmsignal?
- Wo befinden sich Feuerlöscher?

FREUNDESEITE

Schnee und Eis

A Schneeflöckchen, Weißröckchen

 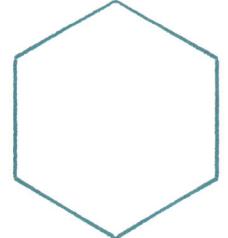

Keine Schneeflocke ist so wie die andere. Es gibt aber Formen, die sich immer wiederfinden. Die meisten Schneeflocken passen in ein sechseckiges Grundmuster.

Zeichne ein Sechseck auf ein Blatt Papier. Male eine Schneeflocke hinein. Oder du ziehst mit dem Lineal Linien von einem Eck zum anderen.

B Wie entstehen Eiszapfen?

Stell dir vor, dass es geschneit hat. Auf dem Dach eines Hauses liegt eine Schneedecke. Die Temperatur steigt.
Der Schnee schmilzt. Langsam rutscht er das schräge Dach hinunter …

Überlege: Was muss passieren, damit sich aus dem geschmolzenen Schnee Eiszapfen bilden?

C Eis hat Kraft

EXPERIMENT

Ihr braucht:
- ausgespültes Marmeladenglas mit Deckel

Wasser dehnt sich beim Gefrieren aus. Das heißt, dass es mehr Platz als im flüssigen Zustand benötigt.
Ihr könnt das testen.

Geht so vor:
Füllt ein Marmeladenglas bis zum oberen Rand mit Wasser. Legt den Deckel locker auf das Glas – nicht zuschrauben.
Stellt das Glas über Nacht in das Gefrierfach. Was stellt ihr fest?

A Die sechseckige Struktur einer Schneeflocke zeichnen. B Wenn die Temperatur unter 0 °C sinkt, gefrieren die Wassertropfen, die kurz davor sind, auf die Erde zu fallen, zu Eis. Kommen weitere Wassertropfen nach, bilden sich Zapfen. C Das gefrorene Wasser drückt den Deckel des Glases nach oben.

AH S. 15

Das tut mir gut

1 Wann fühlst du dich wohl?

Ich habe gehört, dass Lachen gesund ist. Kennt jemand einen Witz?

Bananen geben mir Power!

Ich trainiere meine Muskeln!

1 Alle Kinder überlegen sich Antworten auf die Einstiegsfrage. Die Abbildungen auf der Seite liefern Anregungen und Hilfestellungen. Die genannten Beispiele können an der Tafel dokumentiert werden. Im Anschluss werden die Vorschläge begründet und besprochen.

Essen, trinken und verdauen

1 Die Ernährungspyramide zeigt mithilfe der Ampelfarben, wie du dich gesund ernähren kannst. Was entdeckst du alles?

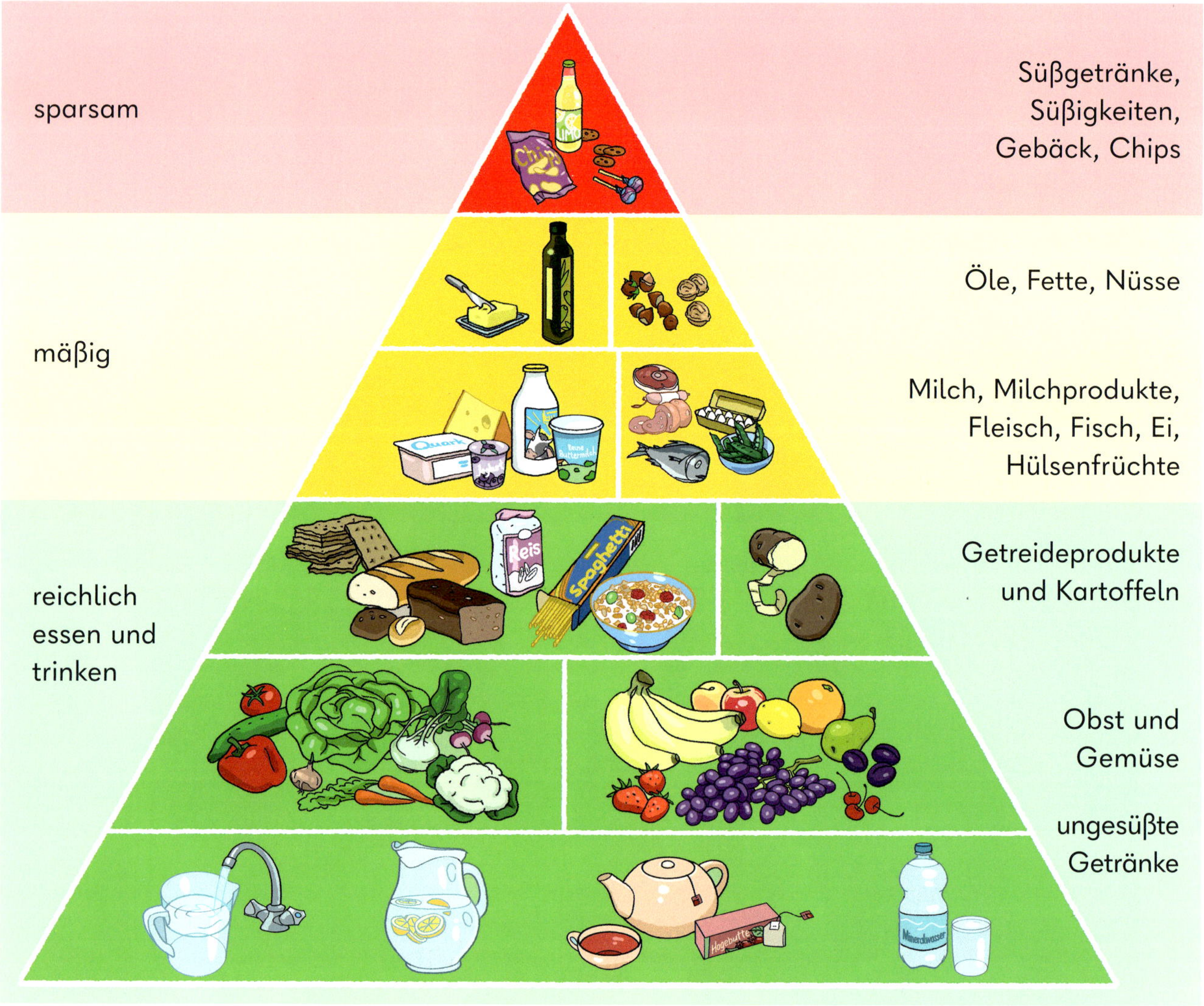

sparsam — Süßgetränke, Süßigkeiten, Gebäck, Chips

mäßig — Öle, Fette, Nüsse

Milch, Milchprodukte, Fleisch, Fisch, Ei, Hülsenfrüchte

reichlich essen und trinken — Getreideprodukte und Kartoffeln

Obst und Gemüse

ungesüßte Getränke

2 Warum ist es nicht egal, was du isst?

Lebensmittel enthalten **Nährstoffe**. Wenn du isst oder trinkst, gelangen sie über das Blut zu allen **Zellen** deines Körpers. Nährstoffe sind wichtig für das Wachstum. Sie liefern auch Energie für das Denken oder die Bewegung. Lebensmittel enthalten unterschiedliche Nährstoffe. Darum ist eine abwechslungsreiche Ernährung wichtig.

Zucker, Fette und Salze können dem Körper jedoch schaden, wenn er zu viel davon erhält. Deshalb solltest du süße Snacks und gesüßte Getränke nur ab und an zu dir nehmen.

3 Was passiert im Körper mit der Nahrung?

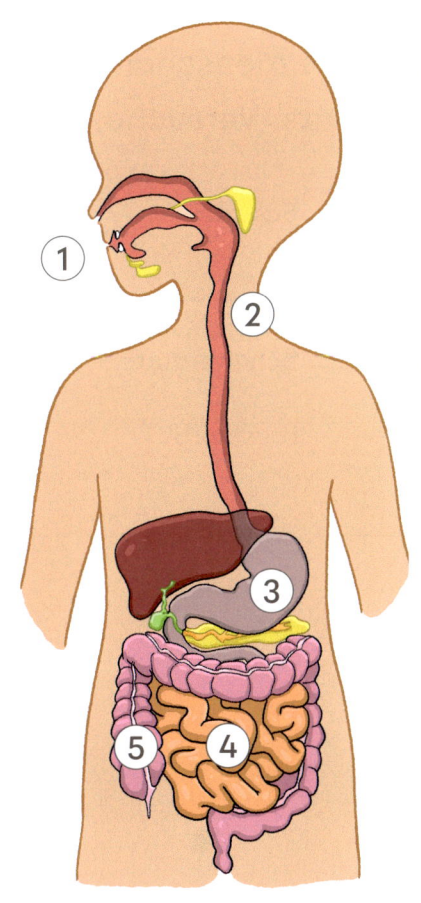

① Im **Mund** wird die Nahrung zerkaut und mit Speichel vermischt.

② Der Nahrungsbrei gelangt durch die **Speiseröhre** in den Magen.

③ Im **Magen** wird die Nahrung durch den Magensaft weiter zerkleinert.

④ Nun ist die Nahrung im **Dünndarm** angekommen. Durch winzige Öffnungen in der Darmwand gelangen Nährstoffe in das Blut. Das Blut bringt sie zu allen Zellen des Körpers.

⑤ Im **Dickdarm** wird dem Rest der Nahrung Wasser entzogen. Der Rest wird fester und als Kot über den After ausgeschieden.

4 Lies die beiden Texte. Erkennst du einen Zusammenhang?

Lebensmittel enthalten Vitamine. Das sind Nährstoffe, die der Körper braucht. Manches Obst und Gemüse hat viel Vitamin C:

Zitronen

Sauerkraut

In früheren Jahrhunderten starben viele Seeleute an einer rätselhaften Krankheit.
Seeleute waren oft monatelang unterwegs. Sie aßen Schiffszwieback oder Pökelfleisch. Auf den Schiffen gab es kein Obst oder Gemüse. Der englische Seefahrer James Cook verordnete seiner Mannschaft jedoch Sauerkraut und Zitronensaft.

Warum blieb Cooks Mannschaft von der tückischen Krankheit verschont?

Knochen, Gelenke und Muskeln

1 Das Bild zeigt das Skelett eines Menschen.
Ertaste **Knochen** deines Skeletts. Versuche, sie zu benennen.

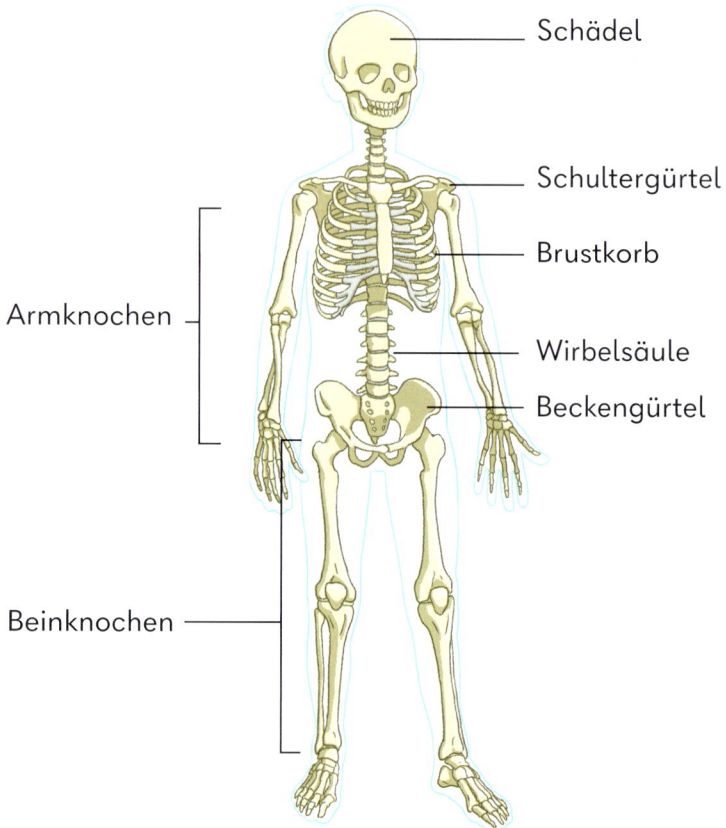

- Schädel
- Schultergürtel
- Brustkorb
- Armknochen
- Wirbelsäule
- Beckengürtel
- Beinknochen

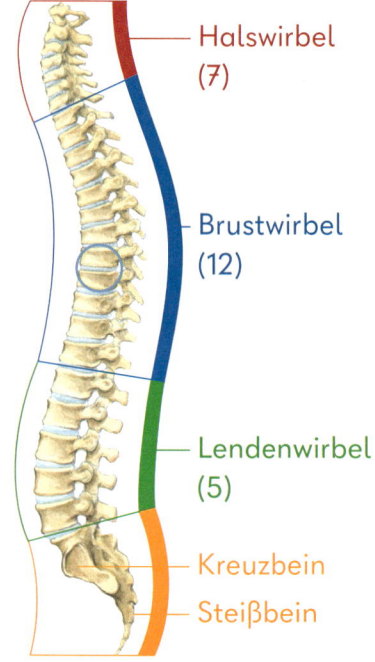

Die Hauptstütze des Körpers ist die Wirbelsäule.

- Halswirbel (7)
- Brustwirbel (12)
- Lendenwirbel (5)
- Kreuzbein
- Steißbein

Wirbel
Wirbel
Bandscheibe

2 So schonst du die Wirbelsäule. Achte darauf:

beim Sitzen	beim Tragen	beim Heben

3 Wozu sind Gelenke und Muskeln da? Erkläre.
Finde durch Bewegungen heraus, wo sich Gelenke befinden.

Gelenke

Knochen sind durch Gelenke miteinander verbunden. Gelenke sorgen für die Beweglichkeit des Skeletts. Eine Knorpelschicht und Gelenkflüssigkeit verhindern, dass die Knochen aneinanderreiben.

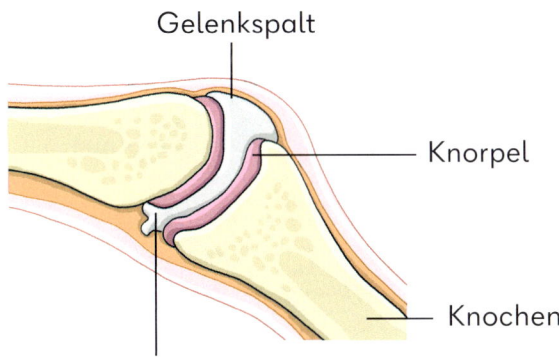

Gelenke haben verschiedene Formen und ermöglichen unterschiedliche Bewegungen. Hier siehst du zwei Beispiele.

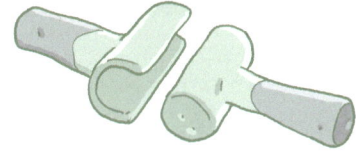

Das Kniegelenk ist ein **Scharniergelenk**. Du kannst das Knie beugen und strecken.

Das Schultergelenk ist ein **Kugelgelenk**. Du kannst den Arm in unterschiedliche Richtungen drehen.

Muskeln

Damit sich der Körper bewegen kann, sind auch Muskeln notwendig. Sehnen verbinden Muskeln und Knochen. Wenn du den Arm ein paarmal beugst und streckst, kannst du die Muskeln im Oberarm spüren.

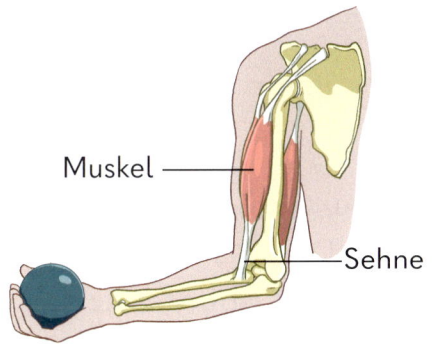

4 Überlege:

- Was kannst du dank deiner Gelenke und Muskeln alles machen?
- Was passiert, wenn Muskeln nicht trainiert werden?

3 Gelenke als Verbindungselemente zwischen den Knochen verstehen. Infokasten: Kugel- und Scharniergelenk sind zwei von fünf im Körper befindlichen Gelenkformen.   **4** Skelettmuskeln sorgen mit dafür, dass wir uns bewegen können. Wenn wir sie regelmäßig beanspruchen, verleihen sie uns Kraft und Haltung.

Die fünf Sinne

1 Findet heraus, wozu die Sinnesorgane fähig sind.

Unsere Sinnesorgane nehmen Informationen aus unserer Umgebung auf. Die Informationen werden über Nerven an das Gehirn weitergeleitet und dort verarbeitet. So können wir sehen, hören, schmecken, etwas riechen und ertasten.

Sehen: Mit den **Augen** siehst du Farben und Formen; du nimmst Größen, Entfernungen und Bewegungen wahr. Das linke Auge erfasst ein leicht anderes Bild als das rechte Auge. Das Gehirn setzt die beiden Bilder zusammen.

Strecke einen Arm aus und halte den Daumen hoch. Kneife ein Auge zu und merke dir zwei, drei Sachen, die du hinter dem Daumen wahrnimmst. Öffne das Auge und kneife das andere zu. Merkst du, wie der Hintergrund hin und her springt?

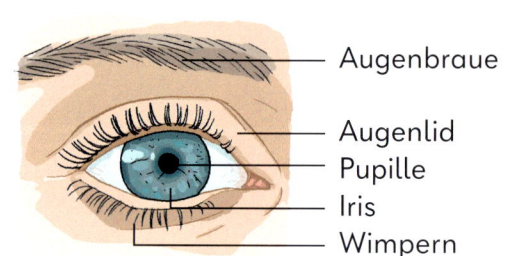

- Augenbraue
- Augenlid
- Pupille
- Iris
- Wimpern

Hören: Mit den **Ohren** nimmst du Töne, Klänge und Geräusche wahr. Der Mensch kann Tausende von Geräuschen voneinander unterscheiden.

Gebt Erbsen, Münzen und andere kleine Dinge in zehn gleich aussehende Döschen. Achtet darauf, dass je zwei Döschen denselben Inhalt haben. Ein Kind wählt zwei Döschen aus und schüttelt sie nacheinander. Klingen sie gleich oder unterschiedlich? Und womit sind sie gefüllt?

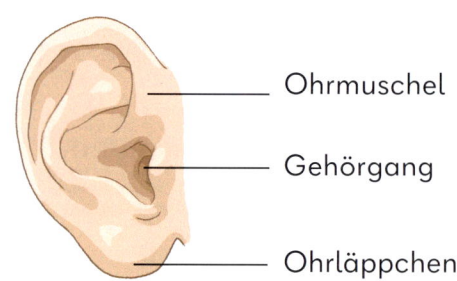

- Ohrmuschel
- Gehörgang
- Ohrläppchen

Schmecken: Auf der **Zunge** befinden sich kleine Höcker, die Papillen. In ihnen befinden sich winzige Geschmacksknospen. Durch sie kannst du verschiedene Geschmacksrichtungen wahrnehmen: bitter, sauer, salzig, süß, herzhaft.

Süß, sauer oder …
Welche Geschmacksrichtungen stecken in deinem Pausensnack?

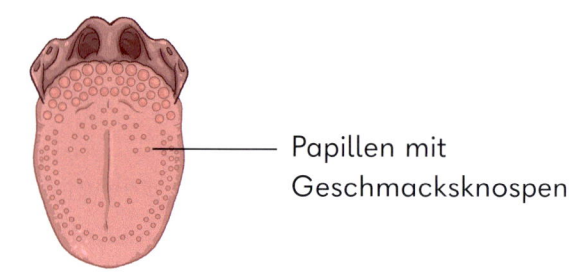

- Papillen mit Geschmacksknospen

Riechen: Mit der **Nase** riechst du, ob etwas süßlich, säuerlich, blumig, verbrannt, harzig oder faulig ist. Der Geschmacks- und der Geruchssinn wirken zusammen.

Kaffeebohnen, Basilikum, ein kräftiger Käse ... wer erkennt die meisten Lebensmittel am Geruch? Probiert es aus – mit verbundenen Augen.

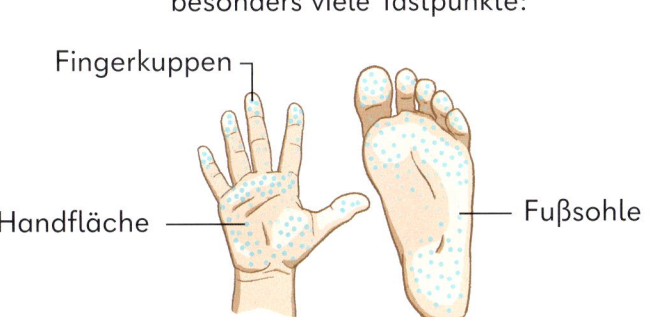

Nasenrücken
Nasenflügel
Nasenloch

Tasten: Die **Haut** ist das größte Sinnesorgan. Sie enthält viele Empfindungsnerven und Tastpunkte – du spürst etwas.

Schneidet ein faustgroßes Loch in einen Karton. Legt Gegenstände aus unterschiedlichem Material in den Karton. Schließt den Deckel, greift hinein und sagt, wie sich die Dinge anfühlen.

besonders viele Tastpunkte:
Fingerkuppen
Handfläche — Fußsohle

2 Unsere Sinnesorgane lassen sich täuschen.
Hier siehst du zwei optische Täuschungen. Beantworte die Fragen.

Sind die Säulen gerade? Ist ein Strich länger als der andere?

 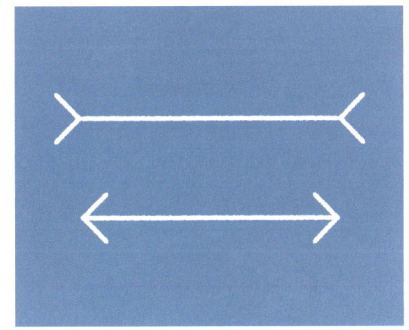

Wie kannst du überprüfen, ob deine Antworten stimmen?

3 Gebt „optische Täuschungen" als Suchbegriff im Internet ein und findet weitere Beispiele.

---

2 Alle Sinne können getäuscht werden. Von optischen Täuschungen sind besonders viele Beispiele bekannt. Die Abbildungen hier sind geometrische Täuschungen. Mit einem Lineal kann überprüft werden, ob die Vermutungen richtig sind. **3** Weitere Arten von optischen Täuschungen entdecken.

AH S. 20

Sehen und tasten

1 Wofür sind die einzelnen Teile des Auges wichtig? Berichte.

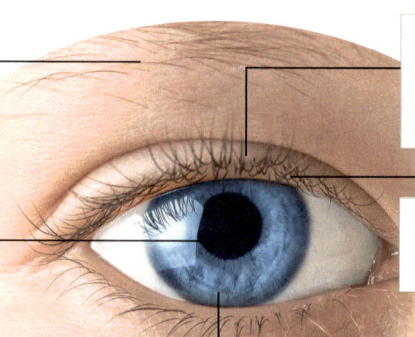

Die **Augenbraue** hält Wasser und Schweiß vom Auge ab.

Das **Lid** schließt sich bei Gefahr für das Auge. Blinzeln hält das Auge feucht.

Durch die **Pupille** gelangt Licht in das Innere des Auges. Ohne Licht können wir nicht sehen.

Die **Wimpern** schützen vor Staub.

Die **Iris** ist ein farbiger Ring rund um die Pupille. Muskeln in der Iris sorgen dafür, dass sich die Pupille weiten und verengen kann.

2 Betrachte die Pupillen eines Partnerkindes in einem zunächst hellen, dann abgedunkelten Raum. Wann sind die Pupillen kleiner, wann größer?

3 Wofür werden diese Sehhilfen verwendet? Erkläre.

Lupe

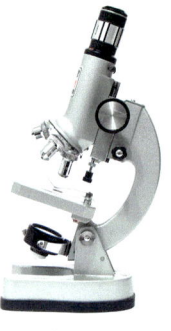
Mikroskop

Fernglas

Brille

INTERESSANT

Vor über 1 000 Jahren forschte der arabische Wissenschaftler Alhazen über das menschliche Auge. Er gewann bedeutende Erkenntnisse über das Sehen und erfand die Lupe.

4 Die Brailleschrift lässt sich mit den Fingern ertasten.
Erkläre: Wie funktioniert die von Louis Braille entwickelte Schrift?

Das Alphabet in sechs Punkten

Louis Braille wurde 1809 bei Paris in Frankreich geboren. Im Alter von fünf Jahren erblindete er. Seine Eltern lasen ihm viel vor. Doch er wollte gern selbst Bücher lesen. In der Blindenschule lernte er eine spezielle Schrift kennen: Punkte, die man auf dem Papier erfühlen konnte. Die Schrift war jedoch kompliziert. Der inzwischen 16-jährige Louis vereinfachte die Schrift stark. In einem Schriftmuster mit nur sechs Punkten konnte er alle Buchstaben des Alphabets darstellen.

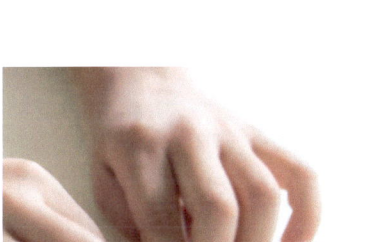

Der rote Punkt zeigt an, welcher Punkt in dem Schriftmuster fühlbar ist. Das ist der Buchstabe A in der Brailleschrift.

Die Hände tasten sich von Buchstabe zu Buchstabe, von Wort zu Wort. Wenn man das übt, geht das richtig schnell!

Was steht hier? Der Code rechts hilft dir beim Entschlüsseln.

A   C   E   H   I   K   L   N   S

4 Die Brailleschrift als wichtiges Instrument zur Teilhabe verstehen. Nachvollziehen, wie die Schrift funktioniert, und den Satz unten mithilfe des Codes entziffern. Tipp: Im Internet die Namen der Kinder in Braille-Übersetzungsprogramme eingeben. Die Schrift aber auch ertasten (Lehrmaterial, z. B. Braille-Alphabet).

Hören

1 Bringt eure Stimmbänder zum Schwingen. Macht summende und brummende Töne und legt dabei eine Hand auf den Kehlkopf. Spürt ihr, wie er vibriert?

So entsteht Schall

Töne, Klänge, Geräusche, ein Knall: Alles, was gehört werden kann, ist Schall. Schall entsteht, wenn etwas in Schwingung gerät. Das lässt sich gut an einer Gitarrensaite beobachten. Wenn du eine Saite anschlägst, fängt die Saite an zu schwingen. Die Schwingungen werden in der Luft weitergetragen. Wellenartig breiten sie sich im Raum aus. Deshalb nennen wir Schall auch Schallwellen.

2 Welche Aufgabe hat die Ohrmuschel beim Hörvorgang? Berichte.

Nur die Ohrmuschel ist mit bloßem Auge sichtbar. Der Rest des Ohres liegt im Inneren des Körpers verborgen.

Damit wir etwas hören, müssen die Schallwellen von der Ohrmuschel aufgefangen werden. Der Gehörgang transportiert die Schallwellen weiter.

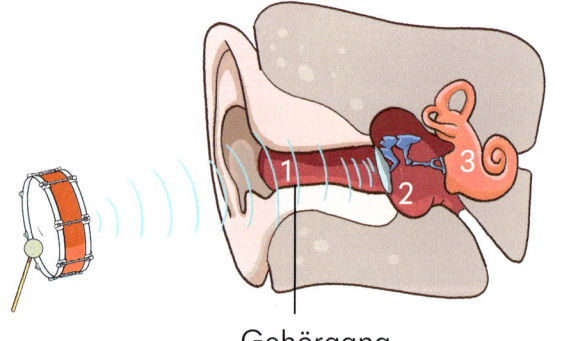

1 Außenohr
2 Mittelohr
3 Innenohr

Gehörgang

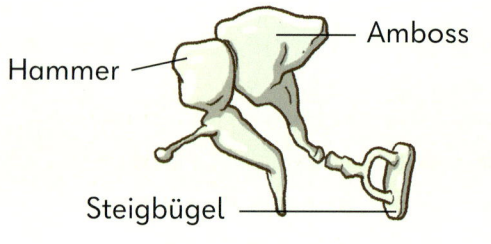

Hammer — Amboss — Steigbügel

INTERESSANT

Im Mittelohr befindet sich der kleinste Knochen im menschlichen Körper: der Steigbügel. Er ist nur 3,3 mm hoch.

3 Betrachte das Bild und lies den Text über den Hörvorgang. Beschreibe die einzelne Schritte.

4 Schreibe die fettgedruckten Wörter auf Zettel. Mische die Zettel. Sortiere sie nach dem Weg des Schalls, ohne auf den Text zu schauen.

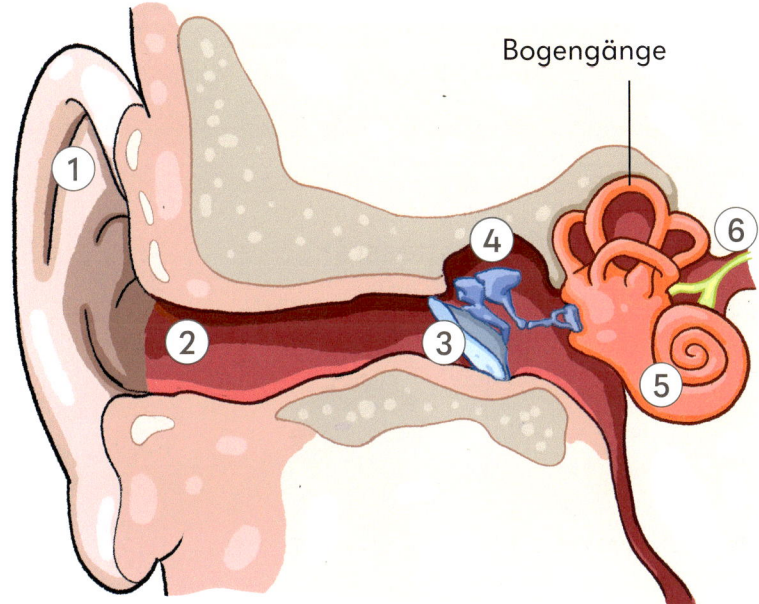

Die Bogengänge im Innenohr helfen dir, das Gleichgewicht zu halten.

Der Hörvorgang

Die ① **Ohrmuschel** fängt die Schallwellen auf.

Durch den ② **Gehörgang** gelangen die Schallwellen zum ③ **Trommelfell.** Das ist eine dünne Haut. Wenn Schall auf das Trommelfell drückt, beginnt es zu schwingen.

Die Schwingungen werden an die ④ **Gehörknöchelchen** übertragen.

Die Gehörknöchelchen leiten die Schwingungen weiter an die ⑤ **Schnecke**. In der Schnecke sitzen kleine Zellen mit feinen Härchen. Diese Haarsinneszellen geraten nun ebenfalls in Bewegung. Dadurch wandeln sie die Schwingungen in Reize um.

Der ⑥ **Hörnerv** leitet die Reize an das Gehirn weiter. Dort werden sie als ein bestimmter Laut wahrgenommen (Gitarrenton, Stimme …).

FREUNDESEITE

Gestresst? Entspann dich!

A Was ist Stress?

Wenn der Alltag zu anstrengend ist, fühlt man sich auf Dauer unwohl. Das ist ein Zeichen von Stress. Wie würdest du es zeigen, wenn dir alles zu anstrengend ist? Mach es vor.

B Was tun bei Stress?

Warum fühlen sich Paula und Lukas gestresst? Was könnte ihnen helfen? Diskutiert.

Paula: Ich mag Computerspiele. Oft vergesse ich dabei die Zeit. Ich mache meine Hausaufgaben spät, und in der Schule bin ich müde.

Lukas: Nach der Schule habe ich noch Musikschule oder Tennis. Ich mach das gern, aber manchmal wird mir alles zu viel.

C Entspannen

Probiere diese Übung aus.

- Du stellst dir ruhige Musik an, legst dich auf eine weiche Decke, schließt die Augen und machst eine Gedankenreise.
- Du wanderst in Gedanken über eine Blumenwiese und stellst dir das Leben auf der Wiese vor: Pflanzen, Tiere, Gerüche, Farben, Geräusche …
- Du fühlst den Wind auf der Haut.
- Bleibe eine Weile still liegen. Dann recke und strecke dich, bis du wieder hellwach bist.

Mit dem Fahrrad unterwegs

1 Wie komme ich mit dem Fahrrad sicher von einem Ort zum anderen?

„Darf ich hier fahren?"

„Ich trainiere mein Gleichgewicht."

„Mich sieht man auch im Dunkeln!"

1 Alle Kinder überlegen sich Antworten auf die Einstiegsfrage. Die Abbildungen auf der Seite liefern Anregungen und Hilfestellungen. Die genannten Beispiele können an der Tafel dokumentiert werden. Im Anschluss werden die Vorschläge begründet und besprochen.

Sicher fahren

1 So sitzt ein Fahrradhelm richtig. Probiere es mit dem eigenen Helm aus.

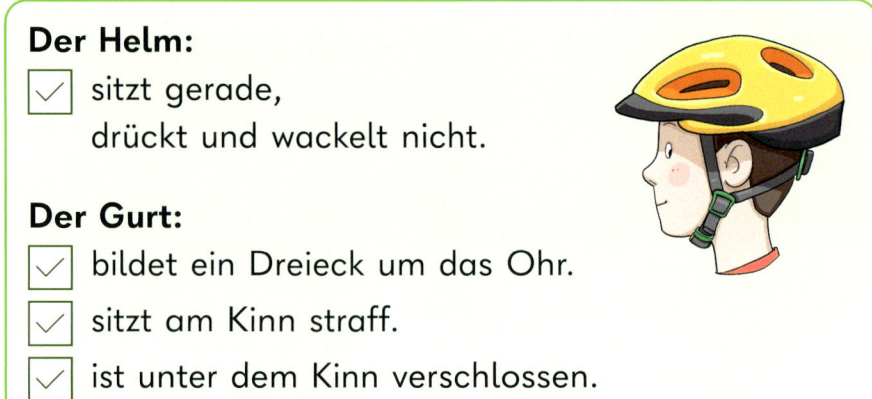

Der Helm:
- ☑ sitzt gerade, drückt und wackelt nicht.

Der Gurt:
- ☑ bildet ein Dreieck um das Ohr.
- ☑ sitzt am Kinn straff.
- ☑ ist unter dem Kinn verschlossen.

2 Diese Teile hat ein verkehrssicheres Fahrrad. Warum sind sie wichtig? Prüfe die Teile an deinem Fahrrad nach.

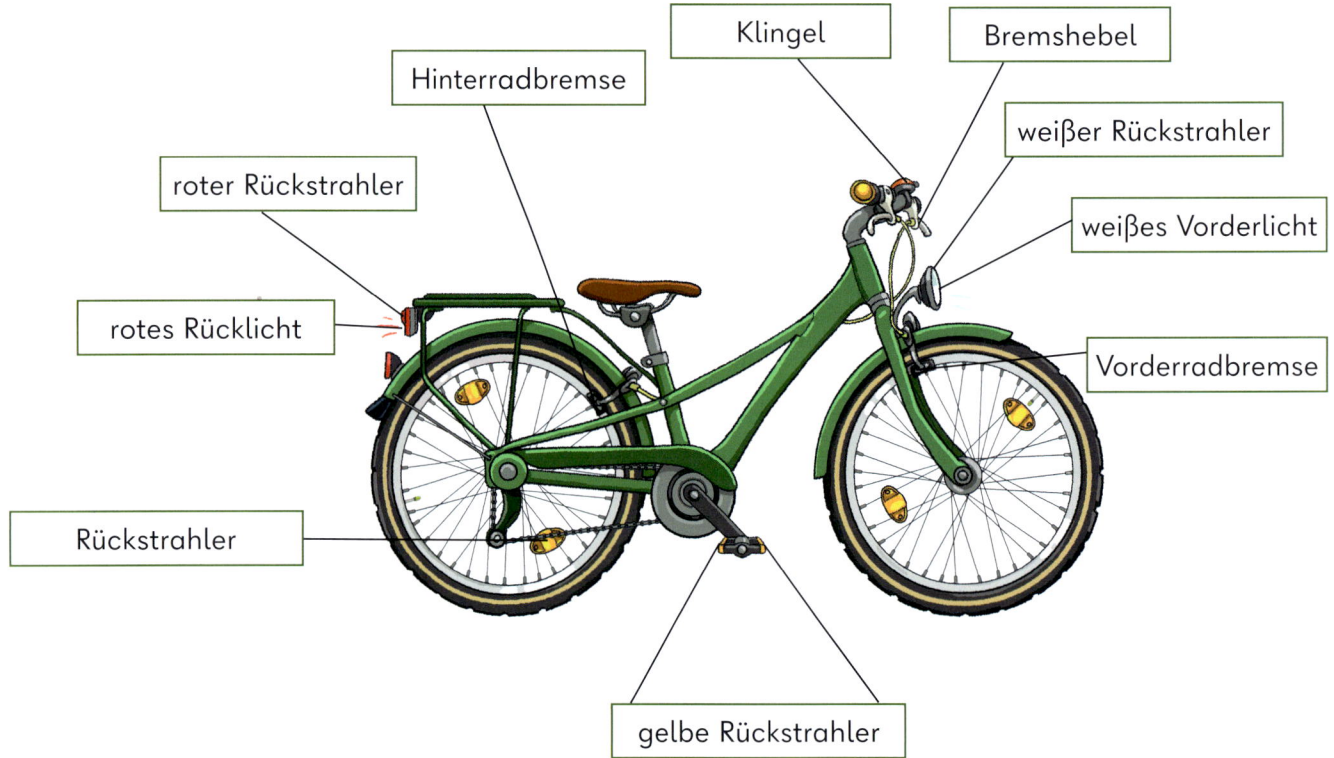

Klingel · Bremshebel · Hinterradbremse · weißer Rückstrahler · weißes Vorderlicht · roter Rückstrahler · Vorderradbremse · rotes Rücklicht · Rückstrahler · gelbe Rückstrahler

Bei vielen Fahrrädern sind das rote Rücklicht und der rote Rückstrahler im selben Bauteil untergebracht.
Manche Räder haben einen zusätzlichen roten Rückstrahler. Er ist aber keine Pflicht.

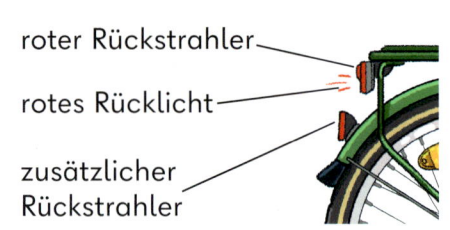

roter Rückstrahler · rotes Rücklicht · zusätzlicher Rückstrahler

3 Diese vier Übungen könnt ihr mit der Klasse machen oder zu Hause mit den Eltern. Übt in einem Verkehrsgarten oder in einem anderen sicheren Gelände, in dem keine Autos fahren.

Sicher geradeaus fahren

Fahr zügig an und fahre durch die Gasse. Du kannst auch eine Gasse aufzeichnen: 1 m breit, 3 m lang.

Schulterblick

Fahr geradeaus und schau dabei nach hinten. Dort wird ein Schild hochgehalten. Was steht darauf?

Das schaffst du!

Sicher mit einer Hand fahren

Fahr geradeaus: einmal nur mit der rechten und einmal nur mit der linken Hand am Lenker.

Scharf bremsen

Stelle einen Kegel auf. Fahre auf 10 m Entfernung darauf zu und bremse mit beiden Bremsen.

3 Fahrpraktische Fähigkeiten im Schonraum erwerben. Geeignet ist eine Jugendverkehrsschule (Verkehrsgarten), ansonsten auf eine andere Umgebung ohne Autoverkehr ausweichen. Durch diese einfachen Übungen werden Fähigkeiten wie Gleichgewicht halten, Konzentration und Reaktionsschnelligkeit erworben.

Regeln und Verkehrszeichen

1 Darfst du auf dem Gehweg fahren? Erkläre.

Die Verkehrsregeln für alle Verkehrsteilnehmer sind in der Straßenverkehrsordnung (StVO) festgelegt. Die erste Regel lautet so:

> „Die Teilnahme am Straßenverkehr erfordert ständige Vorsicht und gegenseitige Rücksicht."

In der Straßenverkehrsordnung steht auch, ob man mit dem Rad auf dem Gehweg fahren darf.

Kinder bis acht Jahre müssen auf dem Gehweg fahren. Sie dürfen auch auf dem Radweg fahren, wenn dieser mit Bordsteinen oder Grünstreifen von der Fahrbahn abgetrennt ist.

Kinder von acht bis neun Jahren dürfen auf der Fahrbahn, auf dem Radweg oder auf dem Gehweg fahren.

Kinder ab zehn Jahren dürfen nicht mehr auf dem Gehweg fahren. Sie fahren wie die Erwachsenen auf der Fahrbahn oder auf dem Radweg.

2 Was musst du beachten, wenn du diese Schilder siehst? Erkläre.

| Radweg | Getrennter Rad- und Gehweg | Gemeinsamer Rad- und Gehweg | Radfahren verboten |
| Verbot für Fahrzeuge aller Art | Fußgängerüberweg | Achtung Arbeitsstelle | Gefahrenstelle (unübersichtliche Stelle, Glatteisgefahr ...) |

An Kreuzungen und Einmündungen könnte es leicht zu Unfällen kommen. Deshalb gibt es Regeln, wer fahren darf und wer warten muss. Wer fahren darf, hat Vorfahrt vor dem anderen.

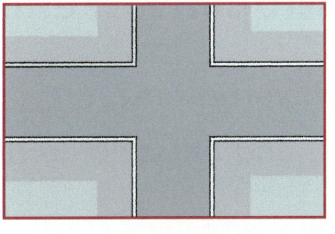
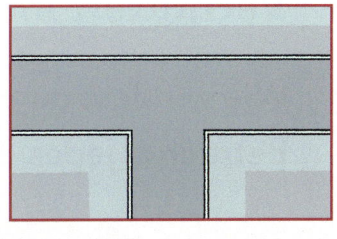

Kreuzung   Einmündung

3 Diese Bilder zeigen Situationen im Straßenverkehr. Besprechen sie mit einem Partnerkind. Beantwortet die Fragen dazu.

① **Fußgängerüberweg**
Du näherst dich auf dem Fahrrad einem Fußgängerüberweg (Zebrastreifen). Du siehst, dass ihn ein Fußgänger überqueren will.
- Was tust du?

② **Rechts vor links**
Eine Regel heißt: „An Kreuzungen und Einmündungen hat Vorfahrt, wer von rechts kommt". Das gilt, wenn kein Verkehrsschild die Vorfahrt regelt.
- Wer darf hier zuerst fahren?

③ **Halt. Vorfahrt gewähren!**
Auf dem Bild hält ein Fahrradfahrer vor dem Stop-Schild. Ein Auto kommt von rechts.
- Hätte der Fahrradfahrer auch bei freier Straße anhalten müssen?

FREUNDESEITE

Verhalten im Straßenverkehr

Wie würdest du dich verhalten?
Betrachte jedes Bild und entscheide dich für A, B oder C.

Ⓐ Lasten am Lenker transportieren, dann sind sie immer im Blick.
Ⓑ In einem Rucksack auf dem Rücken kann nichts verrutschen.
Ⓒ Fahrradkörbe am Lenker oder auf dem Gepäckträger nutzen.

Ⓐ Mit der Klingel bemerkbar machen und zügig durchfahren.
Ⓑ Anhalten und einen Fuß auf den Boden stellen.
Ⓒ Langsam vorbeifahren.

Ⓐ Erst bei der nächsten Ampel die Straße überqueren.
Ⓑ Mit dem Fahrrad über den Fußgängerüberweg fahren.
Ⓒ Absteigen und das Fahrrad über den Fußgängerüberweg schieben.

Ⓐ Warten, bis das Fahrzeug mit Sondersignal vorbeigefahren ist.
Ⓑ Weiterfahren. Hier gilt rechts vor links!
Ⓒ Zügig die Kreuzung überqueren. Das klappt schon noch.

Das jeweilige Bild genau betrachten und sich in die jeweilige Situation einfinden. Die Antwortmöglichkeiten durchlesen und in Gedanken durchspielen: Was würde passieren, wenn ich mich so verhalten würde? Sich für eine Antwort entscheiden.   Lösung: 1 C, 2 B, 3 C, 4 A

Im Frühling

1 Wie kommt Wasser in der Natur vor?

Ist Wasser immer flüssig?

Das Wasser ist ...

Das Wasser ist ...

Auch in der Luft ist Wasser. Es ist unsichtbar.

1 Alle Kinder überlegen sich Antworten auf die Einstiegsfrage. Die Abbildungen auf der Seite liefern Anregungen und Hilfestellungen. Die genannten Beispiele können an der Tafel dokumentiert werden. Im Anschluss werden die Vorschläge begründet und besprochen.

Wasser verwandelt sich

1 Welche Zustandsformen hat das Wasser auf den drei Bildern?

Wasser kann sich verwandeln.

Wasser kann **flüssig** sein. Es fließt als schmaler Bach oder breiter Fluss durch das Land. Es sammelt sich in Teichen und Seen oder rollt in großen Wellen an die Meeresküste.

Wasser kann **fest** sein. Kälte formt Wasser zu Eis oder Schnee.

Wasser kann **gasförmig** sein. Durch Hitze verdunstet Wasser. Bei hohen Temperaturen wird das flüssige Wasser in Gewässern weniger. Ein Teil des Wassers wird gasförmig und ist unsichtbar.

ein Teich im Winter ... im Frühling ... im Sommer

2 Was bewirken Hitze und Kälte in den beiden Beispielen? Erkläre.

Wenn Wasser im Kochtopf kocht, wird das flüssige Wasser weniger. Ein Teil des Wassers verdampft zu unsichtbarem Wasserdampf.

Durch das kochende Wasser ist viel Wasserdampf im Raum. An einer kalten Fensterscheibe bilden sich Wassertröpfchen. Der Wasserdampf in der Luft ist durch die Kälte zu flüssigem Wasser geworden.

3 Führt das Experiment durch.

EXPERIMENT

Wasser verwandelt sich

Ihr braucht: Gefrierfach, Eiswürfel-Behälter, Teller, Wasserflasche, Wasser

Geht so vor: Führt die vier Schritte durch. Vermutet vor jedem Vorgang, was mit dem Wasser passieren wird. Begründet eure Vermutung.

① Füllt den Behälter mit Wasser und stellt ihn in das Gefrierfach.

② Legt sechs Eiswürfel auf einen Teller. Seht nach drei Stunden nach.

③ Stellt den Teller in die Sonne. Seht nach drei Tagen nach.

④ Stellt eine eiskalte Flasche auf den Tisch. Hebt sie nach zwei Minuten hoch.

Habt ihr richtig vermutet? Das ist mit dem Wasser passiert:

① Im Gefrierfach erstarrt das Wasser unter 0 °C zu Eiswürfeln. Das Wasser ist jetzt fest.

② Bei einer Temperatur von über 0 °C schmelzen die Eiswürfel wieder. Das Wasser ist jetzt flüssig.

③ Nach drei Tagen ist ein Teil des Wassers durch die Wärme verdampft. Es ist zu gasförmigem Wasser (Wasserdampf) geworden.

④ An der Flasche kühlt der gasförmige Wasserdampf aus der Luft ab. Er kondensiert. Das heißt, er wird wieder flüssiges Wasser. Deshalb wird die Flasche feucht.

Wasser verändert sich

 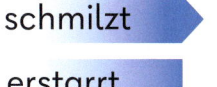  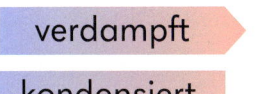

Wasser fest

Wasser flüssig

Wasser gasförmig

3 Das Experiment durchführen und vor jedem Vorgang vermuten, was mit dem Wasser passieren wird: Verändert es seine Zustandsform? Welche Zustandsform nimmt es an? Die Veränderung des Wassers erklären, dabei die unten angegebenen Begriffe verwenden (schmelzen, verdampfen, …).

AH S. 26/27

Der Kreislauf des Wassers

1 Betrachte die Bilder. Erzähle: Warum ist Grundwasser wichtig?

Wenn es regnet oder schneit, sickert Wasser in den Erdboden ein. Es bahnt sich seinen Weg durch verschiedene Schichten des Bodens. Eine feste Bodenschicht lässt kein Wasser hindurch. Das Wasser sammelt sich darüber als Grundwasser.

Das Kind schöpft Wasser aus einem Brunnen.

Bäume mit tief reichenden Wurzeln nutzen Grundwasser.

Tritt Grundwasser aus dem Boden, bildet sich eine Quelle.

2 Führt das Experiment durch.

EXPERIMENT

Grundwasser sammelt sich

Geht so vor:

- Verwendet ein großes Glasgefäß.
- Füllt je eine ca. 3 cm dicke Schicht in das Glas:
    - ganz unten: Lehm
    - darüber: Kieselsteine
    - darüber: Sand
    - ganz oben: Gartenerde.
- Gießt langsam Wasser auf die obere Schicht.
- Beobachtet, was passiert.

Ihr könnt das Wasser mit Lebensmittelfarbe färben!

– Gartenerde
– Sand
– Kies
– Lehm

3 Lies die Textabschnitte im Wechsel mit einem Partnerkind. Erklärt euch gegenseitig die einzelnen Vorgänge im Schaubild.

Der Kreislauf des Wassers

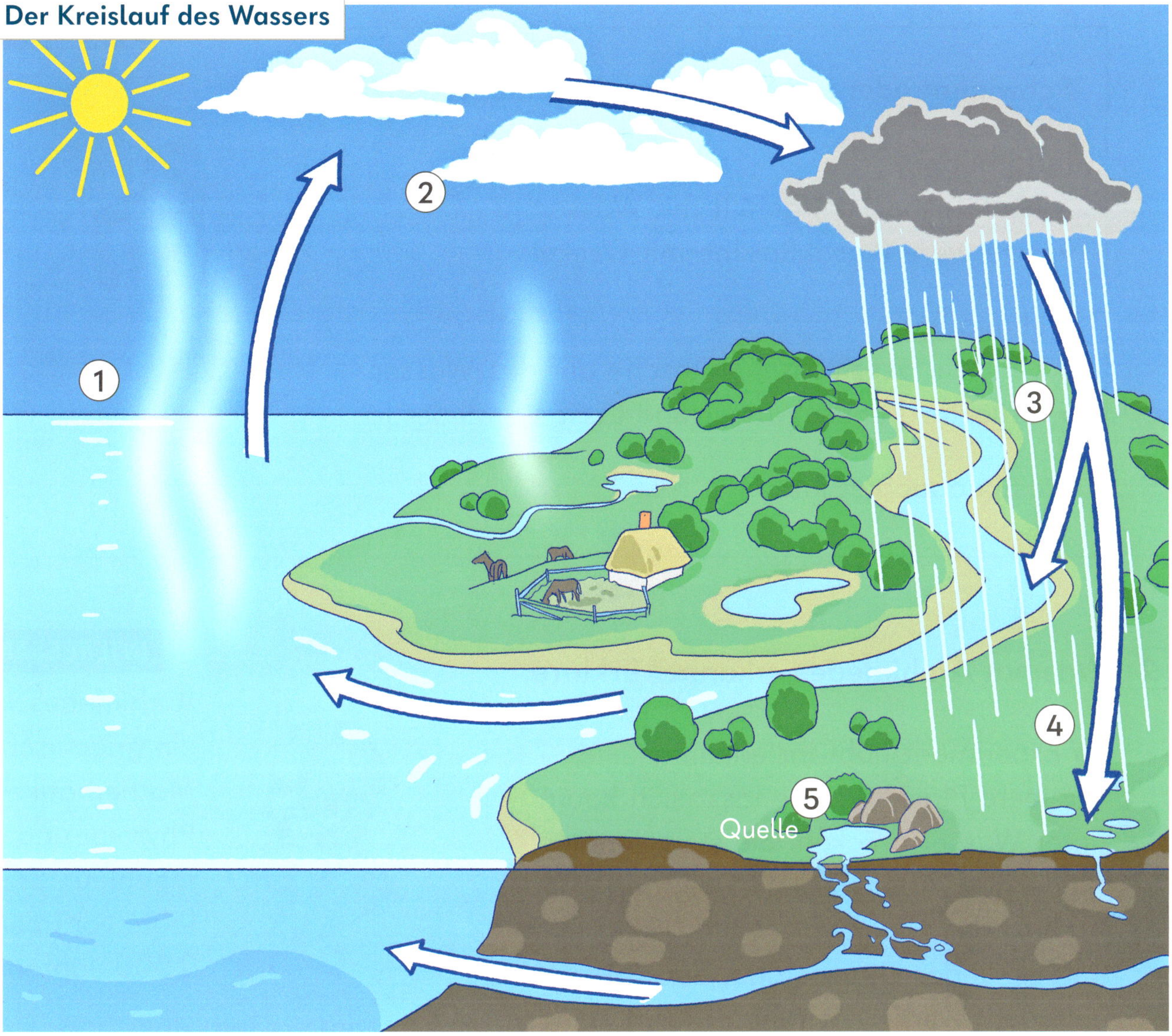

① Die Sonne erwärmt Wasser und Land. Ein Teil des Wassers verdunstet: Er wird zu unsichtbarem Wasserdampf. Die erwärmte Luft steigt mit dem Wasserdampf auf.

② In der Höhe kühlt die Luft wieder ab. Der Wasserdampf kondensiert zu winzigen Wassertropfen. Die Tröpfchen bilden Wolken.

③ Die Wassertröpfchen in den Wolken verbinden sich zu größeren Tropfen. Sie fallen als Regen oder Schnee auf die Erde. Ein Teil gelangt in die Flüsse und fließt in das Meer.

④ Ein Teil des Niederschlags versickert im Boden. Er sammelt sich als Grundwasser.

⑤ Wo das Wasser einen Weg nach außen findet, entsteht eine Quelle.

Schwimmen und Sinken

1 Führt das Experiment durch.

> **EXPERIMENT**
>
> **Schwimmt oder sinkt eine leere geschlossene Flasche?**
>
> Ihr braucht:
> - ein Glasbecken, gefüllt mit Wasser
> - eine leere Plastikflasche mit Deckel
>
> Geht so vor:
> - Legt die geschlossene Flasche auf das Wasser.
> - Drückt sie unter Wasser und lasst sie wieder los.
>
> Was beobachtet ihr?

2 Was hat Archimedes erkannt? Erkläre.

Im Experiment habt ihr erkannt:
Die leere Plastikflasche lässt sich kaum unter Wasser drücken. Sie steigt immer wieder auf. Aber warum? Das fand Archimedes schon vor über 2 000 Jahren heraus. Jeder Gegenstand, der in Wasser eintaucht, verdrängt mit der Kraft seines Gewichts Wasser. Zugleich aber drückt das verdrängte Wasser mit seiner Kraft den Gegenstand wieder nach oben. Man sagt: Der Gegenstand erhält Auftrieb.

Die Verdrängung von Wasser lässt sich auch in einer Badewanne überprüfen: Markiere den Wasserstand vor und nach dem Hineinsteigen.

Verdrängen wir das Wasser?

INTERESSANT

Archimedes war ein griechischer Mathematiker, Physiker und Ingenieur. Er lebte vor über 2 000 Jahren.

Es wird erzählt, dass Archimedes die Entdeckung des Auftriebs beim Baden machte. Als er in die Wanne stieg, bemerkte er, dass das Wasser überlief. Da kam ihm die Erkenntnis, dass ein Körper Wasser verdrängt, wenn er in das Wasser eintaucht. Aber die Geschichte mit der Badewanne ist wohl eine **Legende**.

3 Führt das Experiment durch.

EXPERIMENT

Schwimmen, sinken, schweben

Ihr braucht:
- ein Glasbecken, gefüllt mit Wasser
- eine leere Plastikflasche mit Deckel

Geht so vor (die Flasche stets geschlossen auf das Wasser legen):

① Legt die leere Flasche auf das Wasser.

② Füllt die Flasche voll mit Wasser und legt sie auf das Wasser.

③ Füllt die Flasche zur Hälfte mit Wasser und legt sie auf das Wasser.

Vermutet vor jedem Schritt, was mit der Flasche passiert: Sinkt sie, schwimmt sie oder schwebt sie im Wasser?

Was habt ihr herausgefunden? Ergänze mündlich die Sätze 2 und 3:

① Die leere Flasche schwimmt: Die Kraft des Auftriebs ist größer als die Kraft, mit der das Gewicht der Flasche auf das Wasser drückt.

② Die volle Flasche _____: Die Kraft des Auftriebs ist _____ als die Kraft, mit der das Gewicht der Flasche auf das Wasser drückt.

③ Die halbvolle Flasche schwebt: Die Kraft des Auftriebs ist genauso _____ wie die Kraft, mit der das Gewicht der Flasche auf das Wasser drückt.

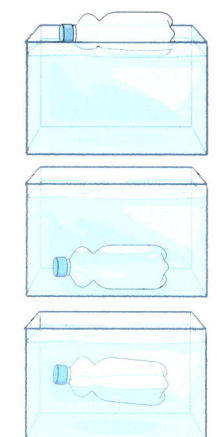

4 Beantwortet die Fragen zu dem Experiment.

EXPERIMENT

Die Kraft des Auftriebs

In einem Becken sind drei gleich große Kugeln: eine aus Holz, eine aus Stahl, eine aus Styropor®.
- Vermute und begründe: Aus welchem Material sind jeweils die Kugeln 1, 2 und 3?

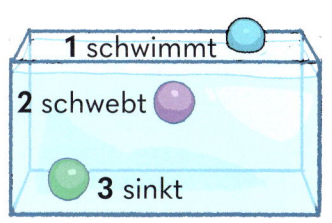

Der Natur auf der Spur

1 Die Klasse 3b der Merian-Schule plant einen Ausflug in den Park. Dort wollen die Kinder Entdeckungen machen und dokumentieren. Beratet in der Gruppe, was sie mitnehmen sollten. Notiert alles.

Einen Entdecker-Rucksack packen:

Auch dies sollte vor einem Ausflug angesprochen werden:

- Verhaltensregeln
- Erste-Hilfe-Material
- zweckmäßige Kleidung

Würstchen, Hundekuchen, Wasser ...?

2 Berichte, wie die Kinder ihre Beobachtungen im Park dokumentieren. Fallen dir weitere Möglichkeiten ein?

Zoom heran, dann erwischst du ihn!

Die Pflanze werde ich pressen.

Ich zähle Insekten und trage die Zahlen in eine Tabelle ein.

3 Berichte: Wie präsentieren die Kinder ihre Beobachtungen?

4 Betrachtet die Entwicklung des Löwenzahns. Gestaltet selbst so einen Kreislauf von einer Blütenpflanze.

Wie Pflanzen sich vermehren

1 Pflanzen lassen sich durch Ableger vermehren. Probiert es aus.

Die Grünlilie ist eine Zimmerpflanze. Sie lässt sich vermehren, wenn man Ableger von der Mutterpflanze abtrennt und einpflanzt. Ableger sind kleine Pflänzchen, die die Mutterpflanze ausbildet.

Der Ableger kann abgeschnitten und eingepflanzt werden.

Ableger

Ihr könnt die Grünlilie aus Ablegern selbst ziehen.

Gut beobachten!

Ableger abtrennen

Ableger in Wasser bewurzeln

Ableger in Erde einpflanzen

Drei weitere Möglichkeiten, wie sich Pflanzen vermehren lassen:

Bogenhanf: Pflanze mit einem Messer teilen, einpflanzen

Erdbeere: Ausläufer einpflanzen

Buntnessel: Blatt in Wasser bewurzeln lassen, dann einpflanzen

Korkenzieher-Weide: Zweig in Wasser bewurzeln lassen, dann einpflanzen

---

1 Ableger der Grünlilie ziehen und die Zimmerpflanze im Klassenraum pflegen: Standort hell, je nach Temperatur mäßig wässern, Staunässe vermeiden. Zwischen März und September alle zwei Wochen düngen, nicht in der übrigen Ruhezeit. Über die Vermehrungsmöglichkeiten anderer Pflanzen lesen und ggf. ausprobieren.

AH S. 30/31

2 So werden in der Natur die Samen von Pflanzen verbreitet.
Berichte: Welche Arten der Verbreitung gibt es?

Der Wind verbreitet Samen.

Löwenzahn: Samen fliegen an Fallschirmen.

Linde: Samen fliegen an Propellern.

Klatschmohn: Samen streuen aus Kapseln.

Auch Tiere verbreiten Samen.

Kletten haften am Fell des Fuchses.

Eichhörnchen verstecken Haselnüsse.

Amseln fressen Beeren und scheiden die Samen aus.

Einige Pflanzen schleudern ihre Samen von sich.

Die Samen des Storchschnabels werden aus den reifen **Kapselfrüchten** herausgeschleudert.

3 Bereite einen Vortrag über das Thema vor.
Die Fragen helfen beim Aufbau.

- Gibt es nur eine Möglichkeit, wie Pflanzen ihren Samen verbreiten?
- Welchen Pflanzen kommt der Wind zugute?
- Welche Tiere tragen zur Verbreitung von Pflanzensamen bei? Wie machen sie das?
- Wie verbreitet der Storchschnabel seinen Samen?

FREUNDESEITE

Kleine Helfer

A **Insekten als Bestäuber**

Viele Pflanzen brauchen kleine Helfer, um sich zu vermehren. Die Insekten saugen den Nektar aus den Blüten und bestäuben zugleich die Pflanzen. Welche Helfer seht ihr hier? Setzt ihre Namen richtig zusammen.

| Humpe | Westerling | Biege | Fliemel | Käne | Schmetfer |

B **Pflanzen ohne Nektar**

Viele Wasserpflanzen bilden Blüten, die von Libellen bestäubt werden. Obwohl diese Pflanzen keinen Nektar ausbilden, suchen die Libellen sie auf. Vermute, warum sie das tun.

Aus dem Ei einer Libelle ist eine Larve geschlüpft.

Die Wasserpflanzen sind ein gutes Versteck für die Larven der Libellen. In ihrer Nähe finden die Larven zudem ihre Beute: Mückenlarven, Kaulquappen …

Früher und heute

1 Warum interessieren wir uns für die Vergangenheit?

- So sah dein Urururgroßvater aus.
- Warum sehen die Häuser so verschieden aus?
- Seit wann gibt es eigentlich Fotos?

1 Alle Kinder überlegen sich Antworten auf die Einstiegsfrage. Die Abbildungen auf der Seite liefern Anregungen und Hilfestellungen. Die genannten Beispiele können an der Tafel dokumentiert werden. Im Anschluss werden die Vorschläge begründet und besprochen.

Deine Umgebung verändert sich

1 Die Bilder zeigen Veränderungen im Laufe der Jahre.
Überlegt euch weitere Beispiele, um früher und heute zu vergleichen.

Menschen werden älter und verändern sich. Familienfotos zeigen das.

Oma, sechs Jahre alt   Oma, 18 Jahre alt   Oma, 30 Jahre alt   Oma, 70 Jahre alt

Alte und neue Bauwerke zeugen vom Wandel der Technik.

Die Werrabrücke Vacha ist eine Steinbrücke aus dem Mittelalter.

Die Rügenbrücke ist eine Stahlbrücke aus dem jetzigen Jahrhundert.

2 So wurde vor 100 Jahren Wäsche gemacht.
Überlege: Welche Arbeitsschritte sind heute nicht mehr nötig?

Am Vortag wurde die Wäsche mit Seife eingeweicht. Am Waschtag wurde Wasser in einem Kessel erhitzt. Die Wäsche kochte drei Stunden lang. Dann wurde jedes Wäschestück noch über ein Waschbrett gerieben. So gingen auch die letzten Flecken raus.

3 Lies die Texte zur Geschichte des Fahrrads. Welche Vorteile hatte das Niederrad gegenüber seinen Vorgängern? Begründe.

1817	 Laufrad	Das erste Fahrrad war ein **Laufrad**. Es bestand fast nur aus Holz und hatte noch keine Pedale. Um vorwärtszukommen, stieß man sich mit den Füßen vom Boden ab. Das Laufrad wurde von Karl von Drais erfunden und nach ihm „Draisine" benannt.
um 1865	Tretkurbelrad	Etwas 50 Jahre später wurden Pedale erfunden und an das Vorderrad geschraubt. Eine Tretkurbel drehte das Vorderrad. Deshalb wurde das Rad **Tretkurbelrad** genannt. Es hatte Holzräder mit Eisenbereifung und war ziemlich schwer.
um 1870	 Hochrad	Der Brite James Starley entwickelte ein **Hochrad** mit Vollgummireifen, Pedale, Speichen und Bremsen. Es war leichter und fuhr schneller als das Tretkurbelrad. Allerdings war das Auf- und Absteigen schwierig. Auch waren Stürze aus dieser Höhe sehr gefährlich.
um 1880	 Niederrad	Auf diesem **Niederrad** konnten die Füße leicht den Boden erreichen. Die Pedale wurden zwischen Vorder- und Hinterrad angebracht. Wenn man in die Pedale trat, übertrug eine Kette den Antrieb auf das Hinterrad. So ist es auch bei heutigen Fahrrädern.

3 Die Modelle miteinander vergleichen. Erfahren, dass es berühmte Erfinder gibt (wie Karl von Drais), Erfindungen aber aufeinander aufbauen. Erzählen, welche entscheidenden Vorteile das Niederrad – der Prototyp des modernen Fahrrads – gegenüber den früheren Modellen aufwies.

AH S. 32

Getreideernte früher und heute

1 So wurde vor 100 Jahren Getreide geerntet.
Beschreibe, welche Arbeitsschritte nötig waren.

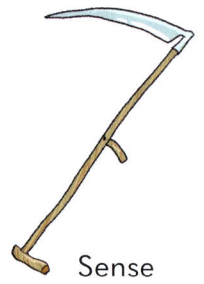
Sense

Mit der Sense wurden die Getreidehalme geschnitten. Mit dem Rechen wurden sie zusammengeharkt.

Die geschnittenen Halme band man zu Garben zusammen. Diese wurden zum Trocknen aufgestellt.

Rechen

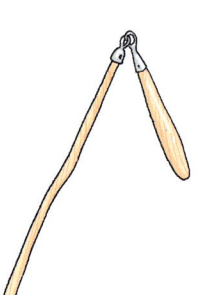
Dreschflegel zum Ausschlagen der Körner

Waren die Garben getrocknet, fuhr man sie im Leiterwaren zum Bauernhof. Dort wurden sie in der Scheune gelagert.

Im Herbst wurden die Körner auf dem Boden der Scheune (Tenne) ausgedroschen, gesammelt und in Säcke geschüttet.

Ernte vor 100 Jahren

War die harte Arbeit beendet, feierten alle, die bei der Ernte geholfen hatten. Sie dankten Gott für die Ernte und stellten eine Erntekrone auf dem Dorfplatz oder in der Kirche auf.
Diesen Brauch des Erntedanks gibt es heute noch.

INTERESSANT

2 Heute erleichtert der Einsatz von Mähdreschern die Feldarbeit. Warum sind Sense, Rechen und Dreschflegel nicht mehr nötig, wenn ein Mähdrescher benutzt wird? Erkläre.

Der Mähdrescher schneidet viele Getreidehalme auf einmal ab. Er zieht die Halme ein und trennt in der Dreschtrommel die Körner ab.

Im Korntank des Mähdreschers werden die Körner gesammelt und über ein Rohr auf einen Hänger geschüttet. Der Traktor bringt sie zu einem Lager.

Das Stroh, also die übrig gebliebenen Halme, wird gehäckselt und auf dem Feld verteilt. Dort wird es später von einer anderen Landmaschine zu Ballen gepresst.

3 In der Dreschtrommel werden die Körner von den Halmen getrennt. Was passiert dann mit den Körnern? Was mit den Halmen? Erkläre.

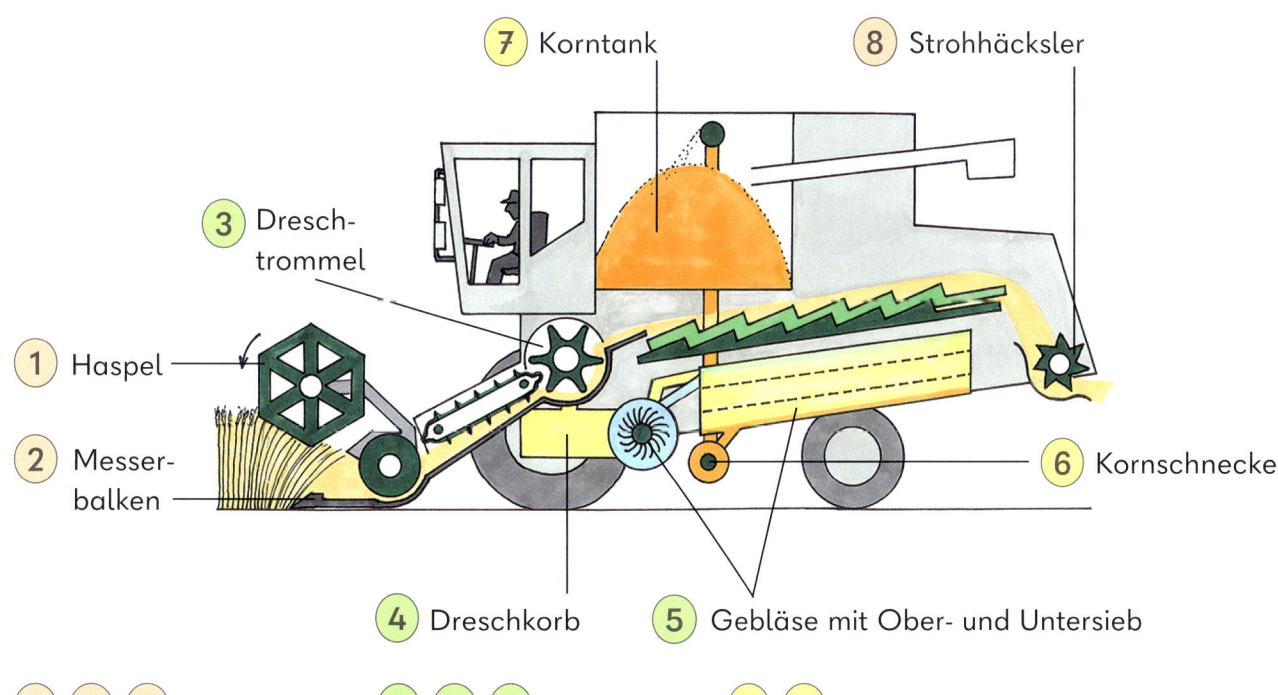

① Haspel
② Messerbalken
③ Dreschtrommel
④ Dreschkorb
⑤ Gebläse mit Ober- und Untersieb
⑥ Kornschnecke
⑦ Korntank
⑧ Strohhäcksler

① ② ⑧ Schneiden   ③ ④ ⑤ Dreschen   ⑥ ⑦ Lagern

2 Den Einsatz eines Mähdreschers mit der Getreideernte in früheren Zeiten vergleichen. Erkennen, welche Arbeitsschritte heutzutage von der Landmaschine erledigt werden.   **3** Die einzelnen Teile des Mähdreschers in Bezug zu den in Aufgabe 2 beschriebenen Arbeitsschritten setzen.

AH S. 34/35

FREUNDESEITE

Historische Quellen

A **Zeitstrahl zu deinen Lebensjahren**

- Zeichne einen Zeitstrahl auf Tonkarton. Mach die Abstände zwischen den Jahren nicht zu eng, damit du Platz für Fotos hast.
- Ziehe Linien unter die Jahre und befestige Fotos mit einem Stück beidseitigem Klebeband.

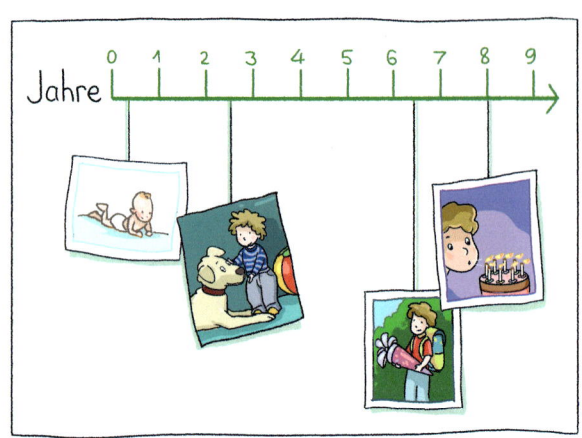

B **Aufbewahrt**

Ein alter Brief, ein Hut von früher ... Welcher Gegenstand in eurem Haushalt ist am ältesten?

Den habe ich von der Uroma geerbt.

Was macht man denn damit?

C **Erinnerungen**

Lass dir von einem älteren Verwandten oder Bekannten etwas über seinen Heimatort erzählen.

Jeden Freitag gab es einen Markt auf dem Dorfplatz. Das frische Obst, die Gewürze und Kräuter – herrlich!

A B C Sich kreativ mit der Vergangenheit beschäftigen und darüber sprechen, wie wir etwas über früher erfahren können. Überlegen, welche Erkenntnisse sich aus den Beispielen gewinnen lassen. Auch über den kritischen Umgang mit Quellen sprechen, z. B.: Wie verlässlich sind Erinnerungen?

Auf Hof und Feld

1 Wie werden **Nutztiere** gehalten?

Weidehaltung

Bodenhaltung

Freilandhaltung

1 Alle Kinder überlegen sich Antworten auf die Einstiegsfrage. Die Abbildungen auf der Seite liefern Anregungen wird Hilfestellungen. Die genannten Beispiele können an der Tafel dokumentiert werden. Im Anschluss werden die Vorschläge begründet und besprochen.

Wildschwein und Hausschwein

1 Betrachte die Bilder von den Wildschweinen und Hausschweinen. Welche Unterschiede nimmst du wahr?

Körperbau des Wildschweins

Körperbau des Hausschweins

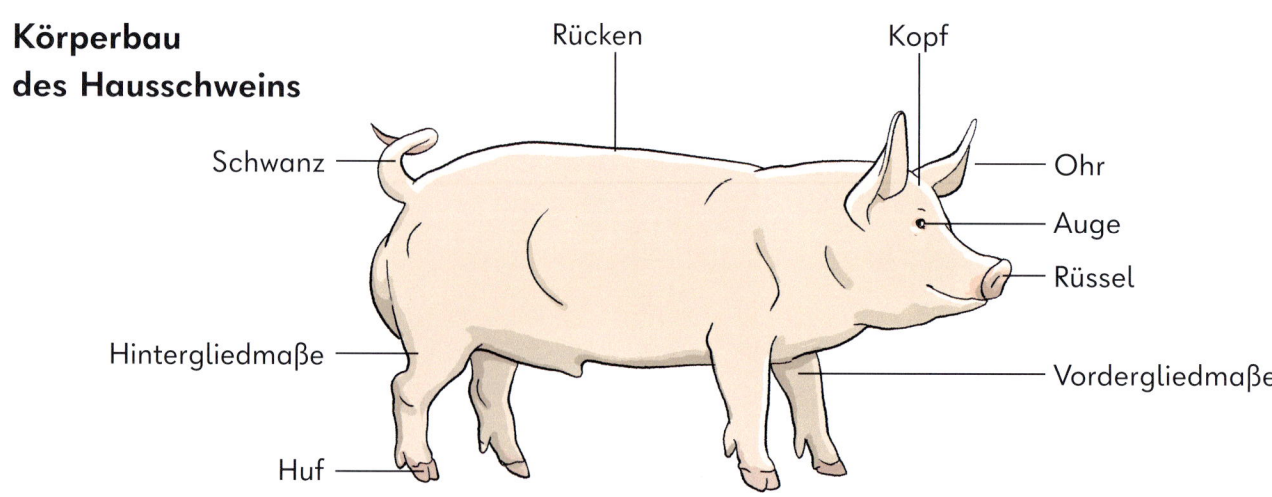

1 Das Wildschwein mit seinem domestizierten Pendant vergleichen. Augenfällig sind zunächst die unterschiedliche Behaarung und Färbung des Körpers. Mithilfe der beschrifteten Zeichnungen können Details verglichen und beschrieben werden, z. B.: Das Hausschwein hat einen längeren Rücken als das Wildschwein.

AH S. 36/37

2 Was weißt du schon über Wildschweine und Hausschweine? Erzähle.

3 So unterscheidet sich das Leben von Wild- und Hausschwein. Schreibe in wenigen Sätzen oder in Stichpunkten auf, was du Neues erfahren hast.

	Wildschwein	Hausschwein
Lebens-raum	Laub- und Mischwälder mit sumpfigen Bereichen 	Stallhaltung, Freilandhaltung 
Lebens-weise	Die Bachen und Frischlinge leben in Rotten zusammen. Die einjährigen Keiler bilden eine eigene Rotte. Ab dem zweiten Lebensjahr leben die Keiler allein. In der Paarungszeit gesellen sie sich zur Rotte. Wildschweine lieben den Körperkontakt, wühlen und suhlen gern. 	In Deutschland werden rund 20 Millionen Schweine zur Fleischerzeugung gehalten. Schweine in großen Mastanlagen werden nicht artgerecht gehalten. Das heißt, dass sie nicht so leben, wie es ihrer natürlichen Lebensweise entspricht. Sie leben in Ställen auf engem Raum. 
Nahrung	Eicheln, Früchte, Insektenlarven, Würmer, Bucheckern, Gräser und Klee, kleine Säugetiere, Kartoffeln 	Getreide, Schrot, Kartoffeln, Rüben, Spezialfutter aus Mais und Soja 

Intensive und ökologische Tierhaltung

1 Vergleiche die Fotos auf der Doppelseite. Was zeigen sie? Beschreibe.

2 Teilt euch auf: Die Hälfte der Klasse liest über die **intensive Tierhaltung**, die andere über die **ökologische Tierhaltung**. Informiert euch gegenseitig über die Vor- und Nachteile.

intensive Tierhaltung

Vorteile der intensiven Tierhaltung

Die Schweine werden in großen Stallanlagen gehalten. Sie werden vollautomatisch gefüttert. Zur Versorgung der Tiere braucht man deshalb nur wenige Arbeitskräfte. So wird sehr viel Fleisch produziert, und die Fleischpreise bleiben niedrig.

Nachteile der intensiven Tierhaltung

Die Schweine leben auf engstem Raum und haben keinen Auslauf. Der Boden ist ohne Einstreu. Wegen der Enge kann es zu Verletzungen kommen. Die Schweine haben kaum Beschäftigung. Sie können sich nicht im Schlamm suhlen oder auf Futtersuche gehen.

3 In Deutschland muss beim Verkauf von frischem Schweinefleisch die Haltungsform der Tiere angegeben werden. Ein Label auf der Verpackung gibt Auskunft. Findest du so eine Kennzeichnung wichtig? Begründe.

Dieses Label zeigt „Bio-Tierhaltung" an, das ist dasselbe wie ökologische Tierhaltung.

ökologische Tierhaltung

Vorteile der ökologischen Tierhaltung

Die Schweine haben Auslauf und können sich im Schlamm suhlen. In den Ställen haben sie mehr Platz als in der intensiven Tierhaltung. Die Ställe haben Ruheflächen, auf denen die Schweine auf Stroh liegen.

Nachteile der ökologischen Tierhaltung

Um das Fleisch als Biofleisch verkaufen zu dürfen, müssen die Tiere möglichst artgerecht gehalten werden. Ihre Unterbringung und Pflege kosten somit mehr Zeit und Geld. Biofleisch hat deshalb höhere Preise.

3 Das Label zur Kennzeichnung von frischem (also nicht verarbeitetem) Schweinefleisch betrachten und besprechen, was die Haltungsformen in der Praxis bedeuten. Diskutieren, ob eine solche Kennzeichnung für den Verbraucher wichtig ist. Ggf. auch über die aufgestempelten Nummern auf Hühnereiern sprechen.

AH S. 36/37

Im Sommer reift das Korn

1 Lies die Texte und erkläre das Schaubild.

Weizen ist die in Deutschland am häufigsten angebaute Getreideart. Es gibt Sommer- und Winterweizen. Sommerweizen wird im Frühling ausgesät, Winterweizen im Herbst.
Das Schaubild zeigt den Anbau von Winterweizen.

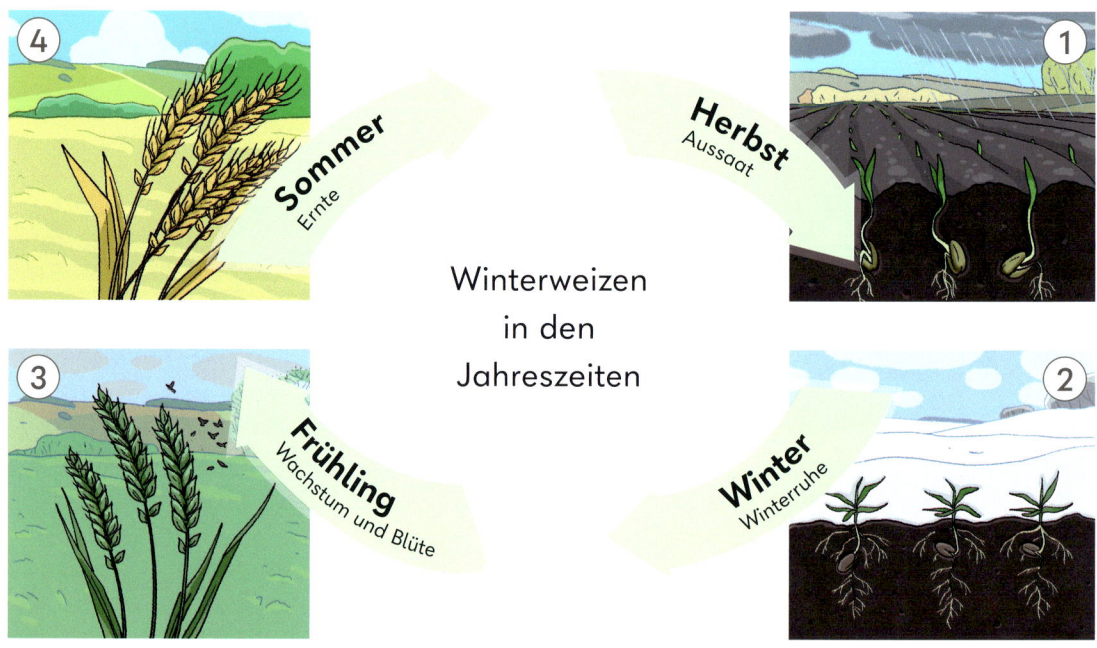

1 Im Herbst wird der Winterweizen ausgesät.
   Die Samen keimen, und es bilden sich kleine Pflanzen.
2 Im Winter ruht das Wachstum.
3 Im Frühjahr wachsen die Pflanzen weiter. Jede bildet Blätter und eine Ähre mit Blüten aus. Nach dem Befruchten der Blüten entwickeln sich die Körner.
4 Von Anfang Juli bis Mitte August wird der Winterweizen geerntet.

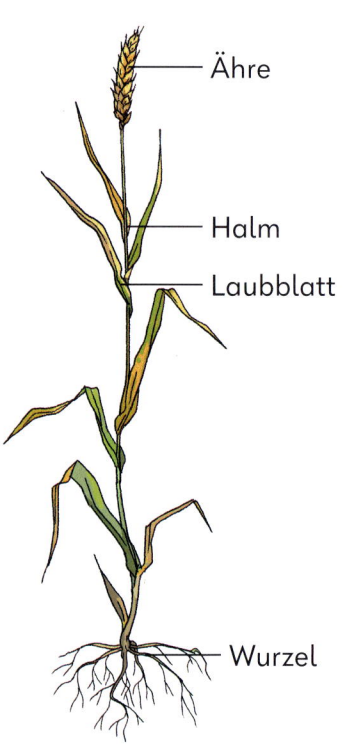

Weizenpflanze

2 Beschreibe die Weizenpflanze und verwende dabei die Fachbegriffe (Ähre …)

3 Neben Weizen werden auch andere Getreidearten angebaut. Wofür wird Getreide verwendet? Nenne Beispiele.

| Weizen | Gerste | Hafer | Roggen | Mais |
| bis zu 1 m | bis zu 1,2 m | bis zu 1,5 m | bis zu 2 m | bis zu 2,5 m |

4 Hier siehst du, wie man Getreidearten voneinander unterscheiden kann. Suche dir zwei Getreidearten aus und vergleiche sie miteinander.

Hat das Getreide Ähren, Rispen oder Kolben?

| Weizen | Roggen | Gerste | Hafer | Mais |
| Ähre | Ähre | Ähre | Rispe | Kolben |

Wie sehen die Getreidekörner (Samen) aus?

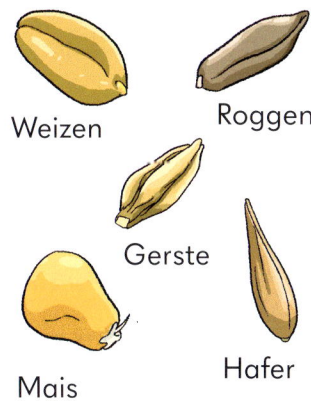

Hat das Getreide Grannen? Sind sie lang oder kurz?

Die Grannen der Gerste sind lang.

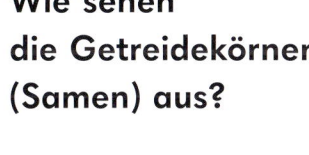

Grana ist ein altes Wort für Barthaar. Davon kommt Granne.

Vom Korn zum Brot

1 Das Schaubild zeigt, wie Winterweizen gesät und verarbeitet wird.
Berichte: Wann wird das Korn gesät und wann das Getreide geerntet?

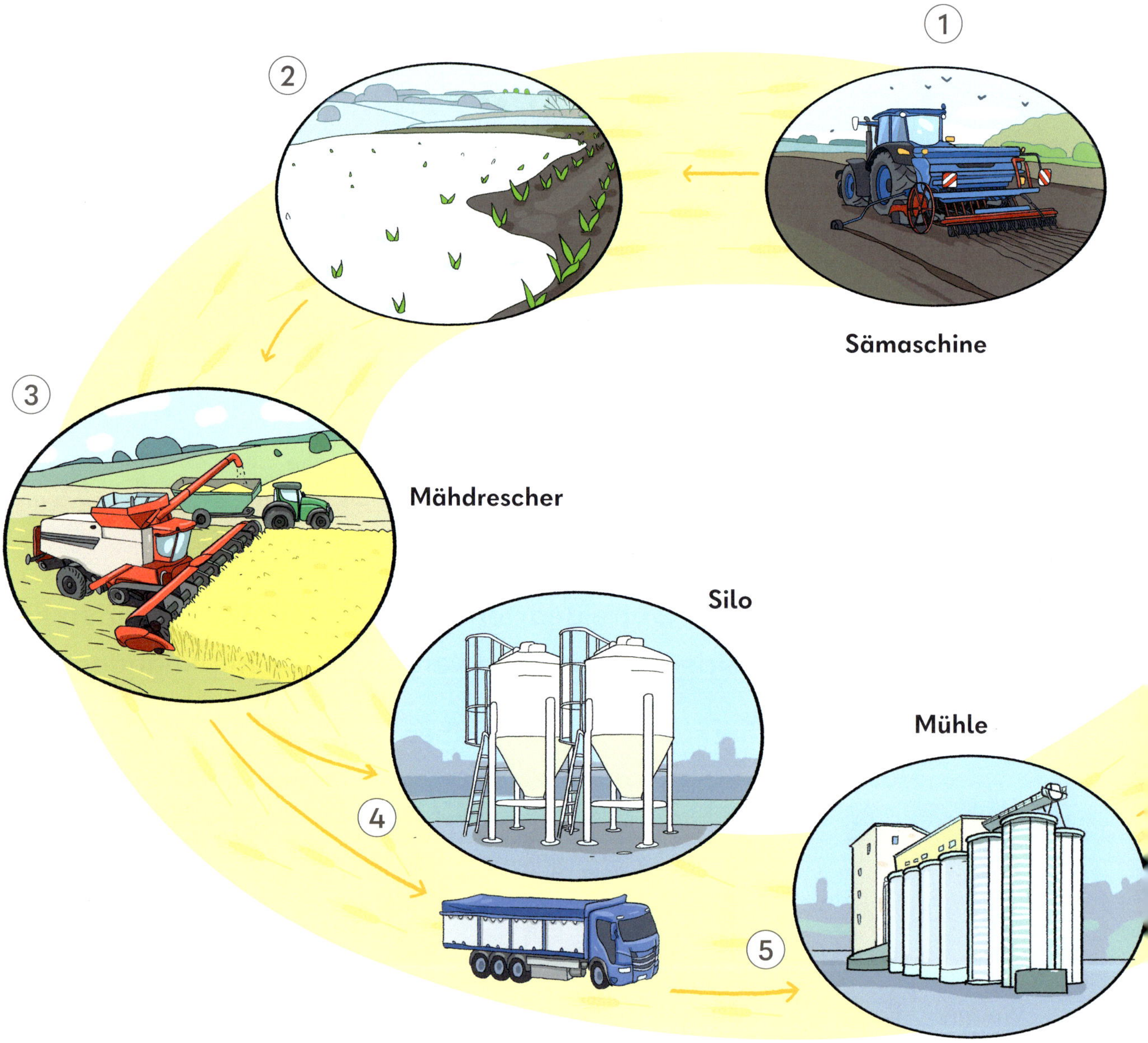

Sämaschine

Mähdrescher

Silo

Mühle

① Im Herbst verteilt die Sämaschine die Getreidesamen auf dem Acker.
② Im Winter schauen Pflänzchen aus der Erde.
Manchmal sind sie vom Schnee bedeckt.
③ Im Sommer schneidet und drischt der Mähdrescher das Getreide.
Es wird entweder zu Großsilos oder zur Mühle gefahren.
④ In Großsilos kann das Getreide eine Zeit lang gelagert werden.
⑤ In der Mühle wird das Getreide gereinigt, gesiebt, gemahlen und verpackt.

2 Lies die Texte und erkläre das Schaubild in eigenen Worten.

3 Die Mühle verkauft das Mehl nicht nur an Bäckereien, sondern auch an Supermärkte. Erkundet, welche Mehlsorten dort angeboten werden. Aus welchem Getreide sind sie gemahlen?

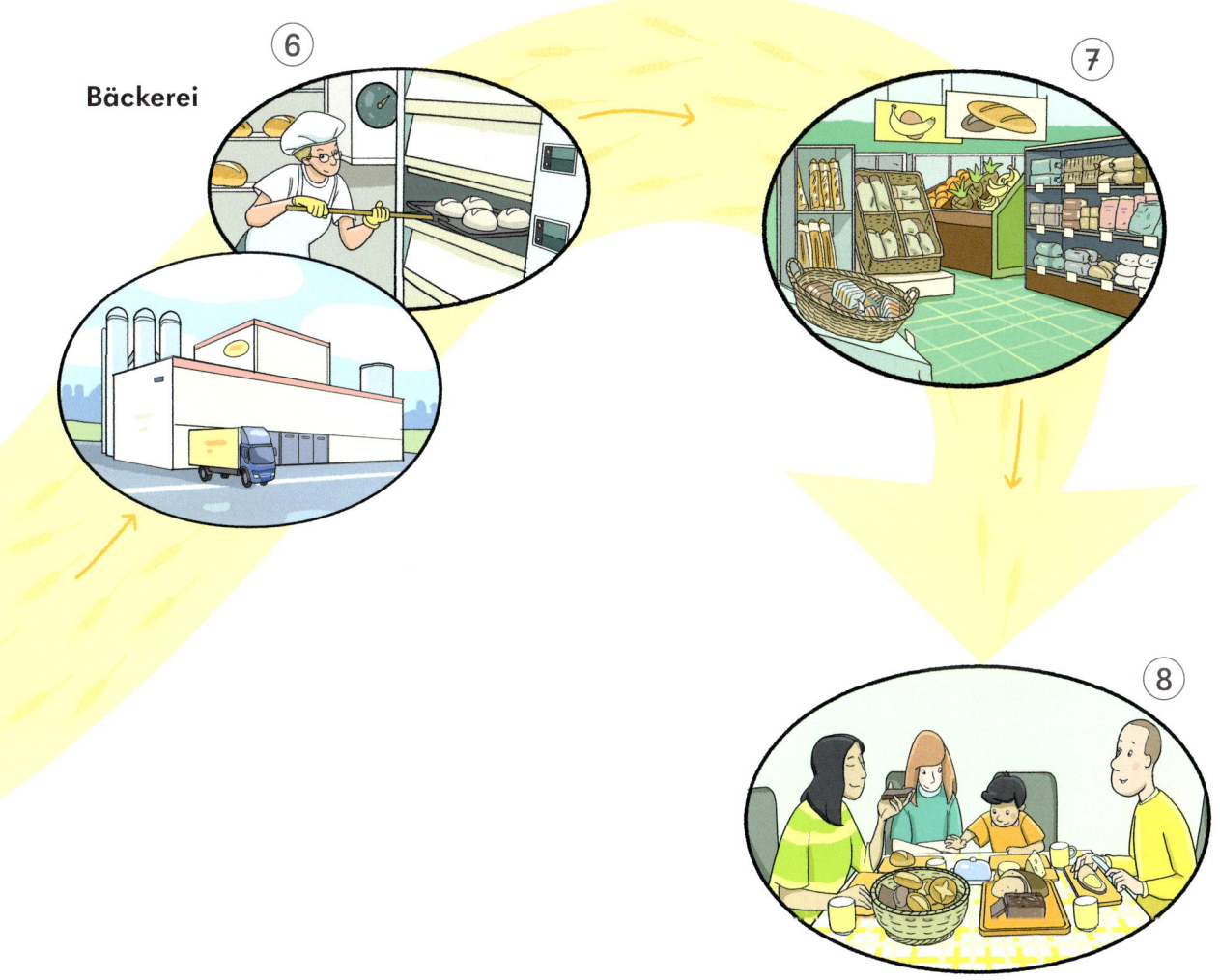

⑥ In der Großbäckerei oder in kleinen Bäckereien wird Brot gebacken.
⑦ In Verkaufsstellen gibt es viele Sorten Brot zu kaufen.
⑧ Guten Appetit!

FREUNDESEITE

Der Feldhamster

A **Der Hamsterbau**

Wie wohnt der Feldhamster am Rand des Getreidefelds? Beschreibe.

B **Ein bedrohtes Wildtier**

Der Feldhamster ist in Deutschland selten geworden.
Wie ist es dazu gekommen? Wie kann er geschützt werden? Berichte.

Warum ist der Feldhamster selten geworden?
- Mähdrescher lassen kaum Körner auf dem Feld zurück. Dem Hamster fehlt die Nahrung.
- Abgeerntete Felder bieten dem Hamster keine Deckung vor seinen Feinden.
- Die Bewässerung der Felder setzt Hamsterbaue unter Wasser.
- Tiefes Pflügen zerstört die Baue und tötet die Jungen.

Wie kann der Feldhamster geschützt werden?
- Bei der Ernte einen Streifen Getreide als Nahrung stehen lassen.
- Neben dem Feld Pflanzen wachsen lassen, die dem Hamster Deckung bieten.
- Die Pflanzen bieten auch Nahrung. Sie werden von Insekten aufgesucht, die eine wichtige Eiweißquelle für den Hamster sind.
- Den Boden sanft bearbeiten.

C **Schutz des Feldhamsters**

Erstellt ein Plakat.

Die Feldhamster

So kann ich geschützt werden!

Einen Getreidestreifen stehen lassen ...

Blühstreifen bieten dem Hamster ...

Im Sommer

1 Warum brauchen wir die Sonne?

Der Tagbogen der Sonne

1 Wir sehen die Sonne aufgehen und am Ende des Tages untergehen. Betrachte das Bild zum Verlauf der Sonne und lerne den Spruch auswendig.

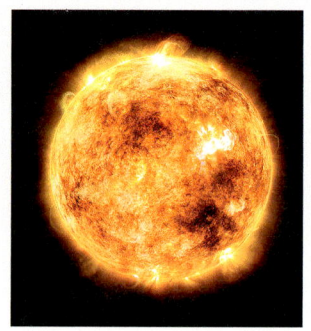

Die Sonne ist ein glühend heißer Stern. Sie versorgt die Erde mit Wärme und Licht.

morgens mittags abends

Im **Osten** geht die Sonne auf.

Im **Süden** ist ihr Mittagslauf.

Im **Westen** wird sie untergehen.

Im **Norden** ist sie nie zu sehen.

2 Warum gibt es Tag und Nacht? Erkläre.

Die Erde dreht sich jeden Tag einmal um sich selbst. Sie dreht sich um ihre eigene Achse. Wenn die Erde sich in den von der Sonne beleuchteten Bereich hineindreht, wird es Tag. Dreht sie sich aus dem beleuchteten Bereich wieder heraus, wird es Nacht. Du siehst die Sonne morgens im Osten aufgehen und abends im Westen untergehen. Es scheint, als würde sie im Laufe des Tages in einem Bogen über den Himmel wandern.

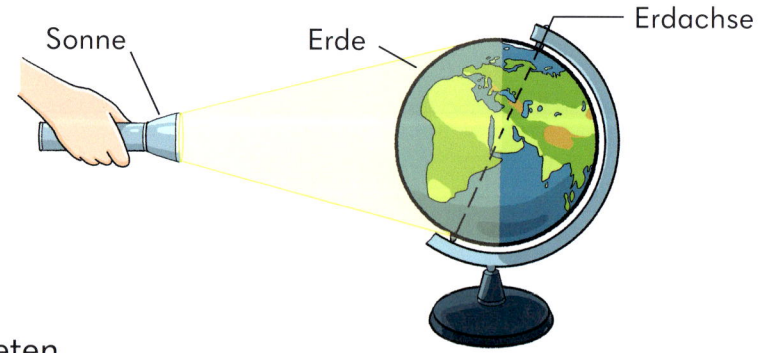

3 Warum gibt es Jahreszeiten?

Die Erde ist ständig in Bewegung. Sie umkreist innerhalb eines Jahres die Sonne. Die geneigte Erdachse zeigt dabei immer in dieselbe Richtung. Mal ist die nördliche Erdhälfte der Sonne zugeneigt, mal die südliche. Deshalb wird es mal wärmer, mal kälter: Wir erleben Jahreszeiten.

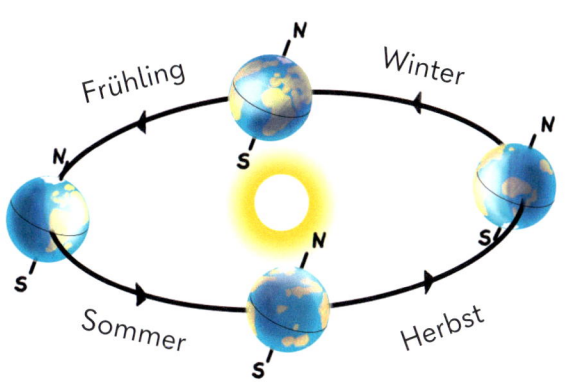

4 Betrachte den Tagbogen der Sonne in den einzelnen Jahreszeiten.

- Um wie viel Uhr steht die Sonne in jeder Jahreszeit am höchsten?
- Um wie viel Uhr geht die Sonne auf? Nenne die Uhrzeit für jede Jahreszeit.
- Um wie viel Uhr geht die Sonne unter? Nenne die Uhrzeit für jede Jahreszeit.

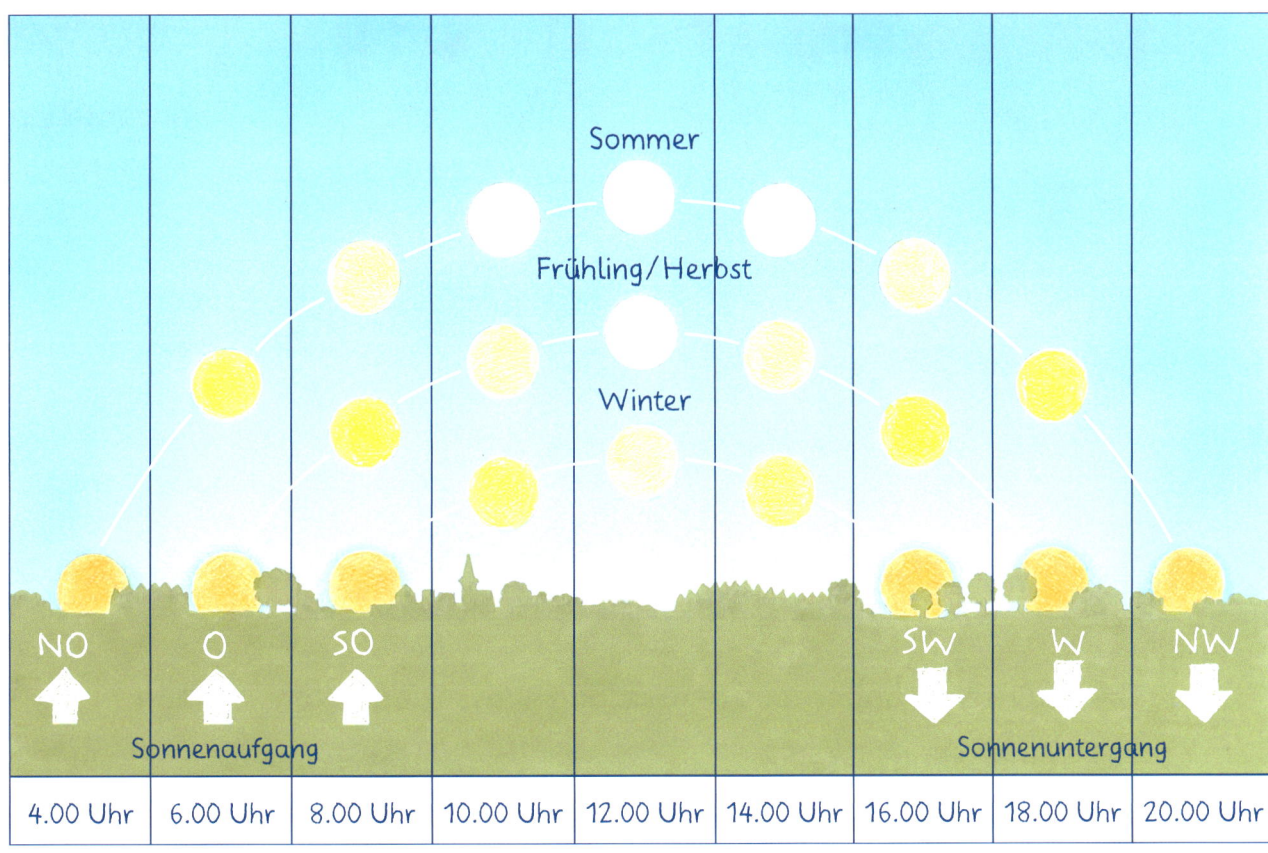

3 Die Ursache der Jahreszeiten erkennen: der Umlauf der Erde um die Sonne sowie die Neigung der Erde.
4 Den Merkspruch von Aufgabe 1 wiederholen und den Aufbau des Schaubildes besprechen. Es zeigt den Stand der Sonne zu unterschiedlichen Uhrzeiten in verschiedenen Jahreszeiten. Die Fragen zu dem Bild beantworten.

AH S. 43   WW S. 12/13

Auf der Wiese

1 Betrachte das Bild. Wie ein Haus lässt sich die Wiese in Stockwerke unterteilen. Die Blütenschicht ist sozusagen das Obergeschoss. Was entdeckst du in welchem Stockwerk der Wiese?

2 Warum sind die Wiesenbewohner miteinander verbunden? Nenne Beispiele.

Blütenschicht:
Blüten hoher Pflanzen, Tiere

Blatt- und Stängelschicht:
Pflanzenstängel, Blüten niedriger Pflanzen, Tiere

Streuschicht:
niedrige Pflanzen, Tiere

Bodenschicht:
Wurzeln, Tiere

① Die Pflanzen erhalten aus dem Boden Wasser und Nährstoffe.
② Die Spinne fängt Insekten.
③ Das Tagpfauenauge ernährt sich vom Nektar der Wiesenblumen.
④ Die Raupen des Tagpfauenauges fressen die Blätter der Brennnessel.
⑤ Der Regenwurm findet im Boden verrottete Pflanzenreste.
⑥ Der Igel frisst Regenwürmer.

1 Die Aufteilung der Wiese in Stockwerke nachvollziehen. Das Bild beschreiben. Ggf. weitere bereits bekannte Tiere nennen, denen die Wiese als Lebensraum gilt. **2** Die Abhängigkeiten der Pflanzen und Tiere voneinander darstellen. Die Sätze unter dem Bild helfen dabei.

AH S. 44/45

3 Erstelle einen Steckbrief zum Wiesen-Storchschnabel. Orientiere dich an dem unten gezeigten Muster.

Von Mai bis August blüht der Wiesen-Storchschnabel. Er wächst oft auf Wiesen und wird auch in Gärten gepflanzt.

Die Blüten sind blau-violett. Sie werden vor allem von Bienen, Hummeln und Schwebfliegen besucht. Sie holen sich den Nektar aus der Blüte und transportieren den Pollen weiter.

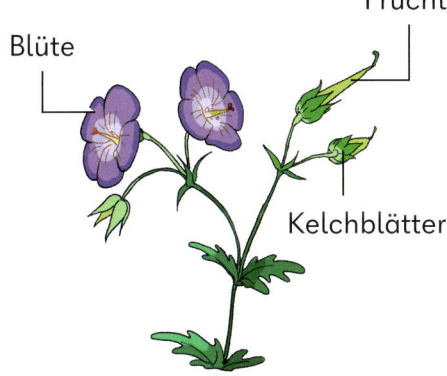

Blüte — Frucht — Kelchblätter

Name:
Blütezeit: _____
Blütenfarbe: _____
Standort: _____
Interessantes: _____
_____
_____

Wenn die Blüten verblüht und abgefallen sind, sieht man die Früchte aus den Kelchblättern ragen. Sie ähneln dem Schnabel eines Storches. In den Früchten befinden sich die Samen.

---

3 Die Texte über den Wiesen-Storchschnabel lesen und die Abbildungen dazu betrachten. Auf einem Blatt Papier einen Steckbrief anlegen. Ein Bild vom Wiesen-Storchschnabel im Steckbrief aufkleben oder die Pflanze malen. Die auf dem Muster-Steckbrief verwendeten Kategorien eintragen. Stichwortartig Informationen eintragen.

AH S. 45

Wiesenbewohner

1 Warum ist der Regenwurm nützlich?

Der **Regenwurm** wohnt in der **Bodenschicht** der Wiese. Er frisst sich durch den Boden. So entstehen lange Gänge. Dadurch wird der Boden aufgelockert und durchlüftet. Das ist gut für die Pflanzen.
Der Regenwurm ernährt sich von alten Blättern und abgestorbenen Wurzeln. Sein Kot enthält Nährstoffe für die Pflanzen. Der Regenwurm wird von Vögeln gefressen, aber auch von Säugetieren wie Maulwürfen, Igeln und Mäusen.

Woher hat der Regenwurm seinen Namen?

Enge Nachbarschaft
Unter einem Stück Wiese, das 1 x 1 m groß ist, können 100–500 Regenwürmer leben.

INTERESSANT

2 Der Marienkäfer ist ein bekanntes Insekt.
Warum gilt er als natürlicher Schädlingsbekämpfer?

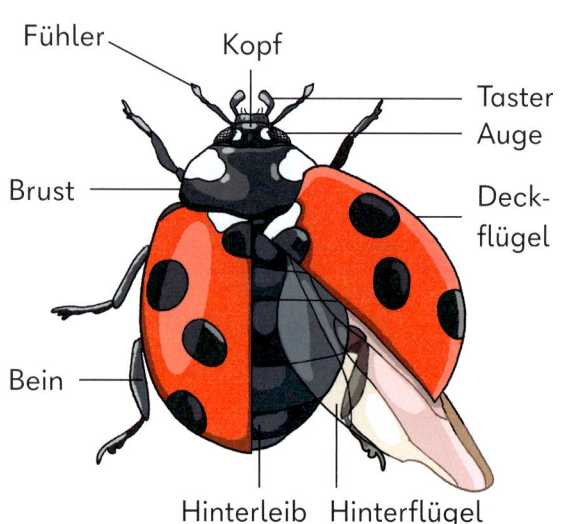

Fühler, Kopf, Taster, Auge, Deckflügel, Brust, Bein, Hinterleib, Hinterflügel

Der **Marienkäfer** findet in der **Blatt- und Stängelschicht** seine Lieblingsnahrung: Blattläuse. Er vertilgt täglich rund 100 Stück. Seine Larven fressen sogar noch mehr. Blattläuse schädigen die Pflanzen, weil sie den Saft aus ihnen saugen. Das macht die Pflanzen krank. Es gibt viele Marienkäferarten, am bekanntesten ist der Siebenpunkt.

3 Mit welchen Tricks schützt sich das Tagpfauenauge vor seinen Feinden?

Das **Tagpfauenauge** besucht die **Blütenschicht** der Wiese. Mit den vier Augenflecken täuscht er seine Feinde: Zwei große Augenpaare schauen sie an!

Faltet der Schmetterling die Flügel zusammen, sieht er aus wie ein welkes Blatt. Auf dunklem Untergrund ist er kaum zu sehen. Der Schmetterling ist also gut getarnt.

4 Die Bilder zeigen eine Verwandlung: Aus der Raupe des Tagpfauenauges wird ein Schmetterling. Wie geht das vor sich? Erkläre.

Das Weibchen legt **Eier** unter den Blättern der Brennnessel ab.

Nach zwei Wochen schlüpfen die **Raupen.** Sie fressen die Blätter.

Die Raupen häuten sich mehrere Male, um zu wachsen.

Nach etwa drei Wochen spinnt sich jede Raupe in einen langen Faden ein. Nun wird sie **Puppe** genannt.

In ihrer Hülle verwandelt sich die Puppe zum Schmetterling.

Nach zwei bis drei Wochen schlüpft der **Schmetterling** aus der Puppenhülle.

---

3 Die auffällige Zeichnung der Flügel betrachten und mit dem Namen „Tagpfauenauge" in Verbindung bringen. Erfahren, dass die Augenflecken der Verteidigung dienen. Ggf. weitere Beispiele für Mimikry vorstellen (Schwebfliege). **4** Die Metamorphose anhand von Bildern und Texten nachvollziehen.

AH S. 44

FREUNDESEITE

Artenvielfalt

A Auf der Roten Liste

Auf einer **Roten Liste** sind Tier- und Pflanzenarten verzeichnet, die selten geworden oder gar nicht mehr zu finden sind. Hier siehst du eine Auswahl von Tieren und Pflanzen in Deutschland. Such dir ein Beispiel aus. Erkundige dich, warum es auf der Roten Liste steht.

Braunbär ⓪ Sumpfschildkröte ① Deichhummel ② Rundblättriger Sonnentau ③

> **0** ausgestorben oder verschollen   **1** vom Aussterben bedroht
> **2** stark gefährdet   **3** gefährdet

B Das können wir tun

Schau dich in deiner Umgebung um: Was wird schon für die Artenvielfalt getan? Was wäre möglich?

Reisighaufen   insektenfreundliche Pflanzen (Wiesen, Gärten, Balkone)   Vogelkasten

C Streng geschützt

Diese Schilder von Seeadler und Waldohreule weisen auf ein **Naturschutzgebiet** hin. Hier gelten strenge Regeln zum Schutz von seltenen Pflanzen und Tieren. Male ein Schild mit einem wild lebenden Tier, das deiner Ansicht nach geschützt werden soll.

Wo wir leben

1 Was möchte ich über meinen Wohnort oder Landkreis wissen?

1 Alle Kinder überlegen sich Antworten auf die Einstiegsfrage. Die Abbildungen auf der Seite liefern Anregungen und Hilfestellungen. Die genannten Beispiele können an der Tafel dokumentiert werden. Im Anschluss werden die Vorschläge begründet und besprochen.

Meinen Ort erkunden

1 Betrachte die Abbildung.
Was gibt es im Ort zu entdecken?

Ich bin heute dein Stadtführer.

1 Die Abbildung betrachten und verschiedene Bereiche eines Ortes entdecken: Geschäfte, öffentliche Einrichtungen, Verkehrsmittel, Freizeitmöglichkeiten. Anhand von Schildern erkennen, dass es weitere Einrichtungen außerhalb des Bildausschnittes gibt.

AH
S. 48/49

2 Lies den Text. Welche öffentliche Einrichtungen werden genannt?

In einem Ort, wie du ihn auf dem Bild siehst, leben viele Menschen zusammen. Hier arbeiten sie, kaufen in Geschäften ein und verbringen ihre Freizeit. Alle sollen sich wohlfühlen. Viele Menschen setzen sich dafür ein.

Hier gibt es **öffentliche Einrichtungen** wie das Rathaus, die Feuerwache oder den Spielplatz. In der Bücherei kann man sich Medien ausleihen oder sitzen und lesen. In der alten Kirche finden Gottesdienste statt. Sie ist zudem eine Sehenswürdigkeit.

Öffentliche Verkehrsmittel bringen die Menschen zu verschiedenen Plätzen im Ort. Vom Bahnhof aus fahren die Menschen in andere Orte. Manchmal transportieren die Züge auch Waren.

3 Wo ist das Rathaus in deinem Ort? Suche die Adresse heraus. Schreibe den Namen des **Bürgermeisters** oder der Bürgermeisterin auf.

Im Rathaus arbeiten Menschen, die sich um die Aufgaben in einer **Gemeinde** kümmern. Der Stadtrat oder Gemeinderat beschließt zum Beispiel, dass ein neues Schwimmbad gebaut wird. Im Rathaus ist auch das Büro des Bürgermeisters oder der Bürgermeisterin. Außerdem gibt es verschiedene Abteilungen, wie das Bürgeramt, das Bauamt, das Ordnungsamt oder das Standesamt.

4 Im Rathaus sind verschiedene Ämter untergebracht. Welches Amt ist für was zuständig? Erkundige dich.

In welchem Amt
- kann man wichtige Dokumente wie den Ausweis beantragen?
- sorgen die Mitarbeiter für Ordnung und Sicherheit im Ort?
- wird geheiratet?
- werden öffentliche Bauprojekte betreut?

Kleine Pläne, große Pläne

1 Vergleiche die Abbildungen. Was fällt dir auf?

das Modell des Schulgeländes

der Plan des Schulgeländes

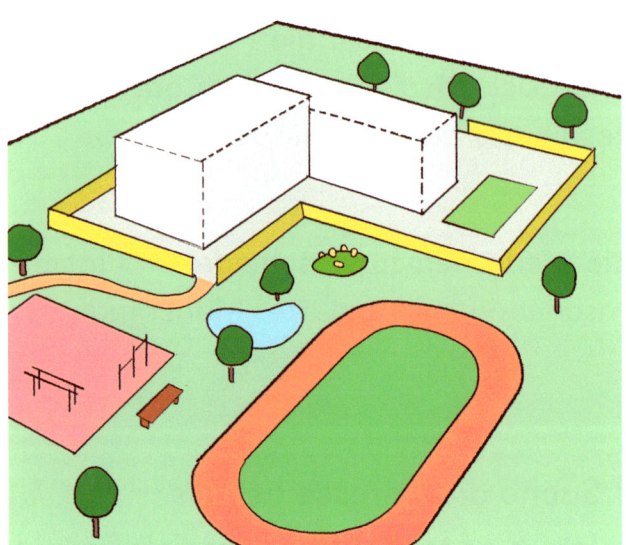

2 Zu einem Plan gehört eine Legende. Sie erklärt, was die Farben, Linien und Zeichen im Plan bedeuten. Beschreibe den Plan des Schulgeländes mithilfe der Legende.

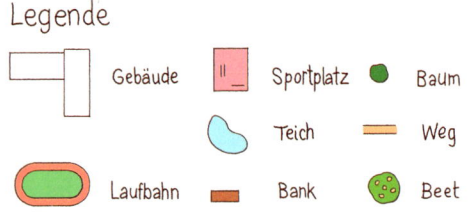

3 Erkläre, wie der Grundriss des Schulgebäudes gezeichnet wurde.

Das Schulgebäude im Bild links oben ist ein Modell: Man hat das Gebäude verkleinert nachgebaut. Stell dir vor, dass du das Modell mit einem Stift umfährst und dann von der Unterlage entfernst. Nun siehst du den Grundriss. Auf diese Weise kann ein einfacher Plan erstellt werden.

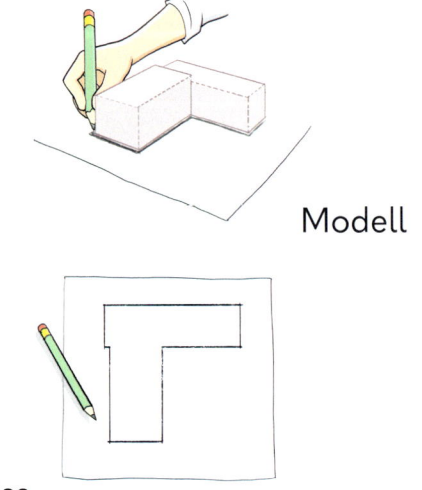

Modell

Grundriss

1 Das Modell des Schulgeländes mit dem Plan vergleichen. Erkennen, dass die gleichen Bestandteile aus unterschiedlichen Perspektiven gezeigt werden. **2** Mithilfe der Legende den Plan in Aufgabe 1 genauer beschreiben. **3** Erklären, wie mit Verwendung von Modellen ein einfacher Plan erstellt werden kann.

Vom Luftbild zum Ortsplan

Ortspläne und Landkarten werden mithilfe von Luftbildern erstellt. Man verwendet Fotos von **Drohnen** oder Satellitenbilder. Die Fotos werden am Computer nachgezeichnet. Die Leute, die solche Karten herstellen, heißen Kartografen und Kartografinnen.

Ich habe ein Luftbild gemacht.

4 Betrachte den Ortsplan mit einem Partnerkind. Stellt euch Fragen wie: „In welchem Planquadrat ist …?"

In einem Ortsplan ist alles vereinfacht und verkleinert dargestellt. Ein Gitter teilt den Plan in Quadrate ein. Jedes Planquadrat hat einen Buchstaben (oberer Kartenrand) und eine Zahl (linker Kartenrand). So sind Straßen und Gebäude leichter zu finden. Die Polizeiwache zum Beispiel befindet sich im Planquadrat B1.

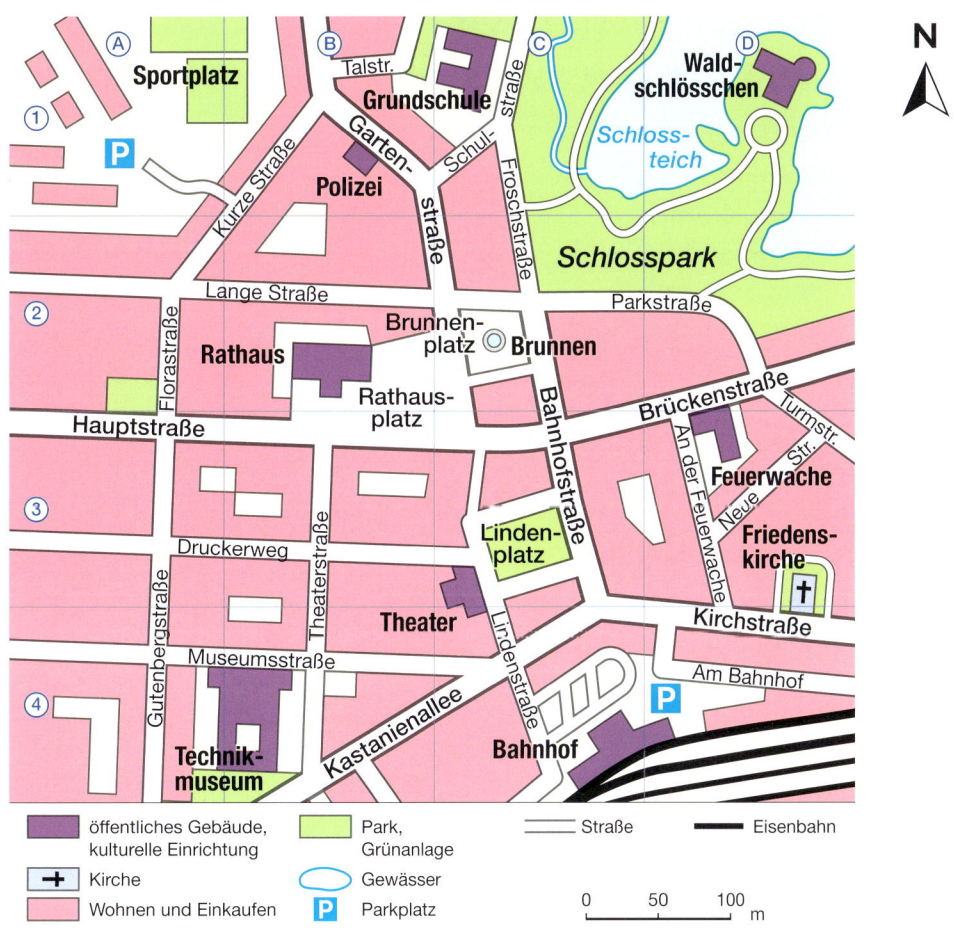

Landkreise und kreisfreie Städte

1 Welche Aufgaben hat ein Landkreis? Nenne ein Beispiel.

Manche Aufgaben sind für alle Gemeinden in einem Gebiet wichtig. Deshalb wurden Gemeinden zu Landkreisen zusammengefasst.

Der Landkreis kümmert sich zum Beispiel darum, dass die Straßen, die die Orte miteinander verbinden, im guten Zustand sind.
Er organisiert auch die Müllabfuhr für alle Gemeinden. Er achtet darauf, dass die Orte mit Rettungsdiensten versorgt sind. Er sorgt für den Bau und die Ausstattung von öffentlichen Einrichtungen, wie zum Beispiel Krankenhäusern.

Es gibt aber auch Städte, die groß genug sind, um alles allein zu regeln.
Sie gehören zu keinem Landkreis. Deshalb nennt man sie kreisfreie Städte.

2 Schlage nach auf den Seiten 110–113. Findest du deinen Landkreis oder deine kreisfreie Stadt?

3 Wie könnt ihr etwas über euren Landkreis herausfinden? Sammelt Ideen.

Mein Vater arbeitet im Umweltamt. Er kann uns etwas über die Flüsse und Seen im Landkreis erzählen.

Wo gibt es Kinos in unserer Umgebung? Lasst uns im Internet nachschauen.

Ich frage meine Eltern, ob sie mit mir in die Kreisstadt fahren. Da machen wir Fotos.

4 Yuval und Luise wohnen im selben Landkreis. Luise lebt in der Stadt. Yuval wohnt in einem nahe gelegenen Dorf. Was berichten sie über Vorteile des Lebens in der Stadt und im Dorf? Überlege dir weitere Beispiele.

Ich habe Luise beim Reiten kennengelernt. Zum Reiterhof brauche ich nur 5 Minuten mit dem Rad. Wenn ich mit Luise und ihrem Bruder ins Kino will, muss mein Vater mich in die Stadt fahren. Das geht nur am Wochenende.

Zum Kino brauchen Hannes und ich nur 5 Minuten zu Fuß. Aber Yuval hat es gut! Er wohnt ganz nah beim Reiterhof und hilft dort ab und zu mit. Ich war schon mal ein Wochenende bei ihm. Wir haben im Garten gezeltet. Das geht in meiner Straße nicht.

5 Welche Freizeitangebote gibt es in deinem Landkreis? Erkundige dich. Suche zwei Beispiele heraus und beantworte die Fragen dazu.

- Wie weit ist das Freizeitangebot von deinem Zuhause entfernt?
- Wie könntest du dorthin kommen (zu Fuß, mit dem Bus …)?
- Findest du dieses Freizeitangebot wichtig? Warum oder warum nicht?

Die Wirtschaft in unserem Landkreis

1 Lies den Text und sieh dir die Beispiele an. Berichte: Was gehört in deinem Wohnort oder in deinem Landkreis zur Wirtschaft?

Die meisten Erwachsenen haben einen Beruf. Sie stellen Sachen her, wie Brot oder Kleidung. Oder sie leisten Dienste, die andere Menschen benötigen. Sie arbeiten zum Beispiel als Krankenpflegerin oder als Friseur. Durch ihre Arbeit verdienen sie Geld, mit dem sie ihre Miete bezahlen, in den Tierpark gehen oder etwas kaufen können. All diese Tätigkeiten – das Herstellen und Verkaufen von Sachen, das Verdienen und Ausgeben von Geld – nennt man Wirtschaft.

In einem Ort oder in einem Landkreis gibt es viele Arbeitsstätten. Hier siehst du Beispiele.

In dieser Getränkefabrik wird Obstsaft in Flaschen abgefüllt.

Auf diesem Bauernhof werden Kühe gehalten. Sie liefern Milch.

Beim Optiker werden die Sehstärken von Kunden gemessen und Brillen verkauft.

In einem Hotel übernachten Urlauber und Geschäftsreisende.

---

1 Verstehen, was der Begriff „Wirtschaft" beinhaltet. Sich gewahr werden, dass Betriebe Produkte erstellen und verkaufen oder Dienstleistungen anbieten. Das Geld, das die Betriebe erwirtschaften, ermöglicht Leuten wiederum, Produkte zu kaufen oder Dienstleistungen in Anspruch zu nehmen.

2 Erkläre das Schaubild.
Was könnte im Feld mit dem Fragezeichen stehen?

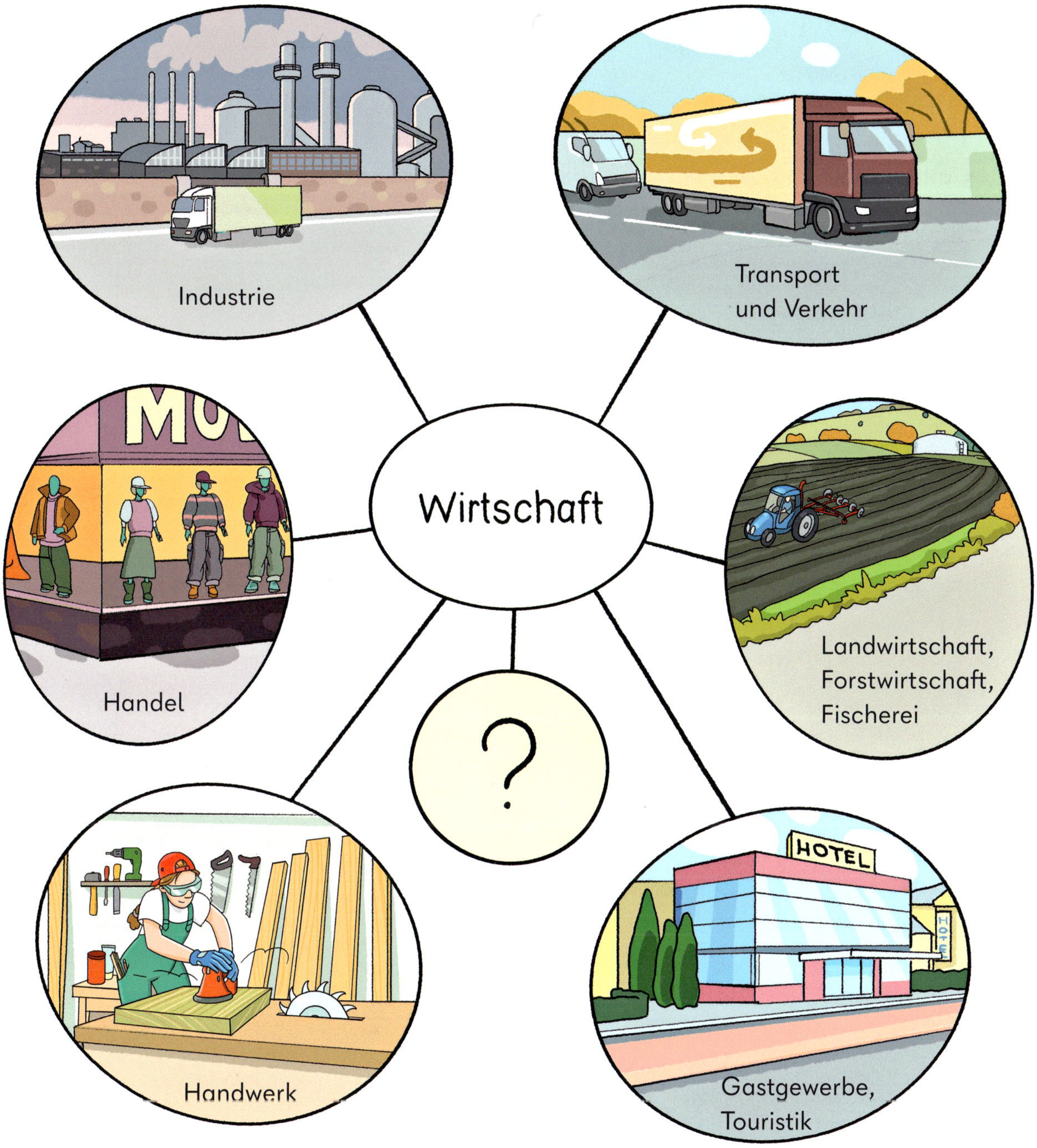

- Industrie
- Transport und Verkehr
- Handel
- Landwirtschaft, Forstwirtschaft, Fischerei
- Handwerk
- Gastgewerbe, Touristik

Wirtschaft

?

3 Suche zwei Betriebe aus deinem Wohnort oder Landkreis heraus.
Notiere Namen und Adresse. Schreibe auf, was die Leute dort arbeiten.

---

2 Das Schaubild besprechen, z. B.: Welche Handwerksbetriebe gibt es? Was gehört zur Touristik? Eine Kategorie ergänzen (z. B. Medien). **3** Mithilfe eines Erwachsenen Name und Adresse von zwei Betrieben aus dem Umfeld heraussuchen und die Funktionen der Betriebe notieren. Siehe auch die Erstellung einer Wirtschaftskarte auf S. 114.

WW
S. 12/13

Die Müllentsorgung

1 Müll soll getrennt werden. In welche Tonnen gehören Glasflaschen, Joghurtbecher, Zeitungen und Zahnbürsten?

Wertstoffe	Altpapier	Glas	Restmüll
Gelbe Tonne	**Blaue Tonne**	**Glascontainer**	**Graue Tonne**
alle Verpackungen aus Metall, Kunststoff und Verbundmaterialien aus Papier, Kunststoff und Aluminium	sauberes und fettfreies Papier, Pappe und Karton	saubere Gläser und Flaschen in verschiedenen Farben	nicht verwertbare Abfälle

2 Warum soll Müll getrennt werden? Erkläre.

Gegenstände enthalten Stoffe, die in der Natur vorkommen. Diese Stoffe nennt man **Rohstoffe**. Erdöl zum Beispiel ist ein Rohstoff. Aus Erdöl werden viele Kunststoffe hergestellt. Viele Rohstoffe gibt es nicht unbegrenzt. Es ist aber möglich, die Rohstoffe aus manchem Abfall wiederzuverwerten. Deshalb ist es wichtig, Müll zu sammeln und zu trennen.

Plastikmüll

1 Erkennen, dass die Mülltrennung mit den im Abfall enthaltenen Stoffen zu tun hat. So wird z. B. Papier gesondert entsorgt. Weitere Beispiele überlegen: Was gehört noch in die Gelbe Tonne, was in den Restmüll?
2 Weil Müll Stoffe enthält, die wiederverwertet werden können, ist es wichtig, den Müll zu trennen.

3 Was tun die vier Leute für einen sauberen Wohnort? Erkläre.

Jakob Schulte arbeitet bei der Müllabfuhr.

Früh am Morgen fahren wir aus und kippen den Müll aus den Mülltonnen in unseren Wagen. Es gibt verschiedene Wagen, ich fahre zum Beispiel den Restmüll. Der Müll wird zu einer Sortieranlage gebracht und dort einer Recyclinganlage oder einer Verbrennungsanlage zugeordnet. Recycling ist die Wiederverwertung von Stoffen.

Alma Peters arbeitet auf einem Wertstoffhof.

Zu uns werden Sachen gebracht, die zu groß für die normalen Mülltonnen sind. Oder Müll, der gesondert entsorgt werden muss. So dürfen elektrische Geräte nicht im Hausmüll landen. Auf unserem Hof kommt der Müll in die passenden Container. So kann er wiederverwertet werden, oder er wird umweltschonend entsorgt.

Franziska Krause achtet auf Mülltrennung.

Wir achten darauf, dass wir den Müll richtig trennen. So können Stoffe wie Kunststoff oder Papier wiederverwertet werden. Wir haben auch eine Bio-Tonne. In die werfen wir zum Beispiel Gartenabfälle und Kartoffelschalen.

Akin Yılmaz arbeitet im Ordnungsamt.

Es kommt vor, dass Leute größeren Müll einfach irgendwo abstellen. Das ist verboten. Dennoch stellen oft andere Leute was dazu. Manchmal enthält dieser sogenannte wilde Müll sogar Stoffe, die für Menschen oder Tiere gefährlich sind. Wilder Müll kann dem Ordnungsamt gemeldet werden. Wir organisieren die Entsorgung.

---

3 Verstehen, dass alle Einwohner zu einem sauberen Stadtbild beitragen können – sei es, weil sie beruflich mit der Abfallentsorgung zu tun haben oder weil sie in ihrem Haushalt auf die richtige Abfallentsorgung achten. Letzteres entlastet auch die Gemeinde (so ist die Beseitigung von illegalen Müllanhäufungen kostspielig).

FREUNDESEITE

Müll vermeiden

A **EXPERIMENT**

Verrottet Müll?

Ihr braucht:
Plastiktüte, Aluminiumfolie, Apfelreste, Radiergummi, Bananenschale, Milchschachtel, Eierkarton, Zeitungspapier, Marmeladenglas, Kaugummi

Geht so vor:
- Vergrabt die Sachen im Schulgelände.
- Malt euch auf ein Blatt auf, was ihr wo vergraben habt. Notiert euch die Tiefe.
- Grabt die Sachen nach einem halben Jahr wieder aus.

B **Nachhaltigkeit**

Manche Sachen, die wir nicht mehr brauchen, müssen nicht in den Abfall. Welche dieser Vorschläge hast du schon umgesetzt oder möchtest du ausprobieren?

Flohmarkt

Geschenkpapier aus Zeitungen

Häuser aus Getränkekartons

C **Verpackungsmüll**

Viele Waren werden verpackt. Dadurch entsteht Verpackungsmüll. Achtet beim nächsten Einkauf darauf und notiert euch Beispiele. Besprecht sie in der Klasse: Warum wurde die Ware verpackt? Ließe sich die Verpackung vermeiden?

A Herausfinden, in welchen Zeiträumen unterschiedlicher Müll verrottet. Mutmaßen, was das für unsere Umwelt bedeuten kann. **B** Besprechen, wie wir Müll vermeiden können. **C** Die Verpackungen verschiedener Produkte begutachten und überlegen, warum sie notwendig sind bzw. ob sie sich vermeiden ließen.

Mein kleiner Atlas

1 Wie können wir uns auf der Erde orientieren?

1 Alle Kinder überlegen sich Antworten auf die Einstiegsfrage. Die Abbildungen auf der Seite liefern Anregungen und Hilfestellungen. Die genannten Beispiele können an der Tafel dokumentiert werden. Im Anschluss werden die Vorschläge begründet und besprochen.

Eine Landkarte lesen

Ein Atlas ist ein Buch, das Landkarten enthält. Landkarten sind Bilder von Gebieten mit verschiedenen Informationen. Man sieht zum Beispiel die Flüsse und Gebirge eines Gebietes oder die Grenzen von Ländern. Landkarten helfen uns bei der Orientierung.

1 Unterwegs ist ein Atlas zu schwer. Hier eignet sich eine einzelne Karte. Arbeite mit einem Partnerkind zusammen: Sucht euch auf der Legende Zeichen aus und findet sie auf der Karte.

Planquadrat A1

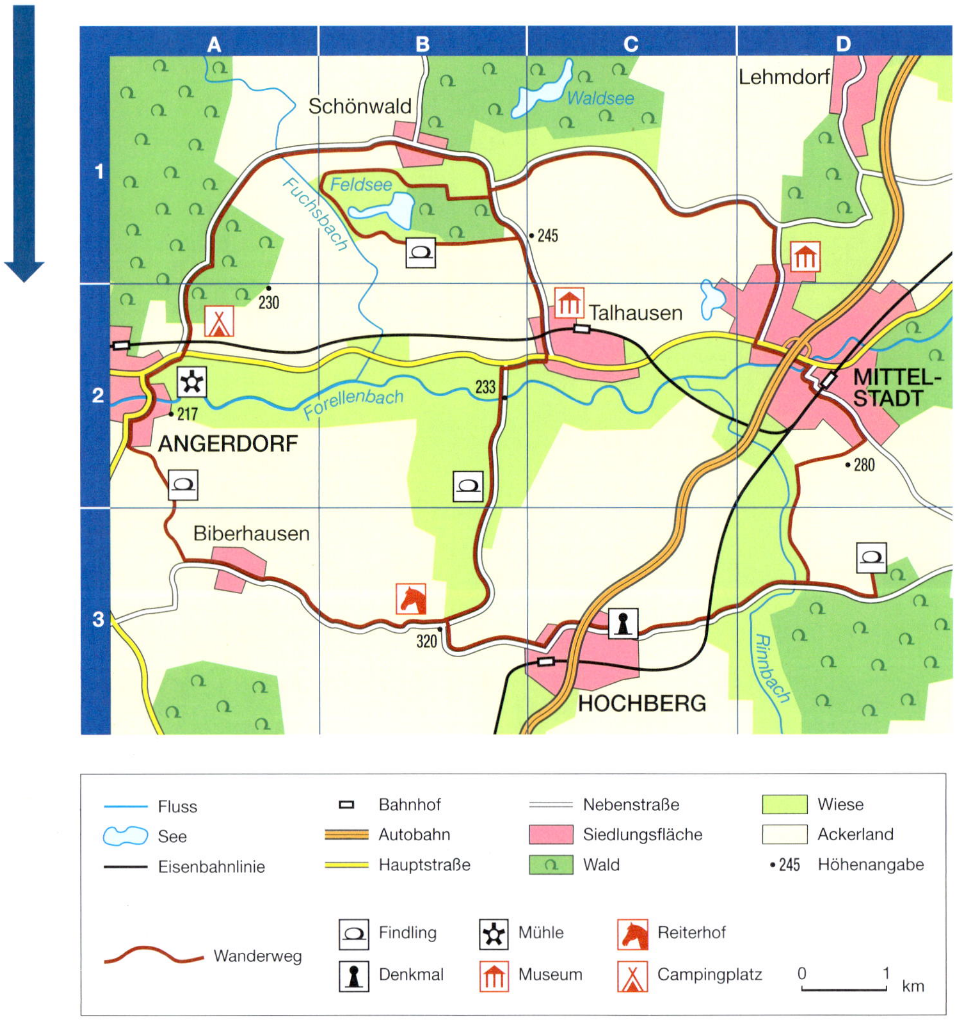

Legende:
- Fluss
- See
- Eisenbahnlinie
- Wanderweg
- Bahnhof
- Autobahn
- Hauptstraße
- Findling
- Denkmal
- Nebenstraße
- Siedlungsfläche
- Wald
- Mühle
- Museum
- Wiese
- Ackerland
- •245 Höhenangabe
- Reiterhof
- Campingplatz

Informationskasten: Einen Atlas anschauen, zum Beispiel einen Kinderatlas und einen Schulatlas im Vergleich.
1 Die Aufteilung einer Karte in Planquadrate in Erinnerung rufen (siehe Ortsplan S. 97). In Partnerarbeit Zeichen auf der Legende auswählen (z.B. See, Wanderweg ...) und auf dem Kartenausschnitt wiederfinden.

2 Welcher Ort liegt nördlicher: Schönwald oder Talhausen?
Übe die Himmelsrichtungen mit der Karte auf Seite 106.

Auf einer Karte ist Norden immer oben. Auf einigen Karten zeigt eine **Windrose** die Himmelsrichtungen an.

Haupthimmelsrichtungen:
N – Norden   O – Osten
S – Süden   W – Westen
Merke: **N**ie **o**hne **S**chuhe **w**andern!

Auf vielen Karten zeigt ein **Nordpfeil** den Norden an.

Dazwischen liegen die Neben-Himmelsrichtungen:
NO – Nordost   SO – Südost
SW – Südwest   NW – Nordwest

3 So errechnest du den Maßstab. Gehe vor wie hier beschrieben.

Auf einer Landkarte ist alles verkleinert abgebildet. Damit du weißt, wie die echte Größe eines Gebietes oder wie die Entfernungen in Wirklichkeit sind, haben Karten eine Maßstabsleiste.

Lege ein Lineal an die Maßstabsleiste der Karte auf Seite 106.
Miss die Strecke von 0 bis 1 km.
Das Lineal zeigt 1 cm an. Das bedeutet:
1 cm auf der Karte entspricht 1 km
in der Wirklichkeit.

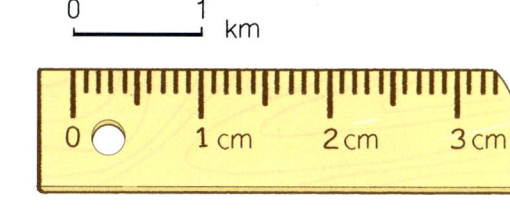

Ein Beispiel:
Die Eisenbahnstrecke von Angerdorf nach Talhausen ist auf der Karte in etwa 6,5 cm lang. In der Wirklichkeit ist die Strecke also in etwa 6,5 km.

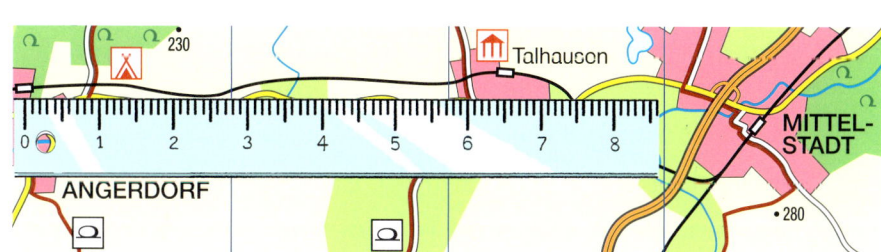

Mit dem Kompass arbeiten

1 Schaut euch einen Kompass an.

Mit einem Kompass kannst du dich orientieren. Auf dem Kompass erkennst du die Windrose mit den Himmelsrichtungen.
Außerdem hat der Kompass eine magnetische Kompassnadel. Die Kompassnadel zeigt immer an, wo Norden ist.

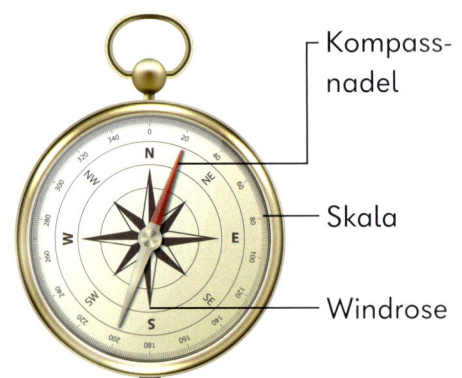

Der Osten ist auf vielen Kompassen mit „E" statt mit „O" angegeben. Das E steht für „East", das ist das englische Wort für „Osten".

2 Führt das Experiment aus.

EXPERIMENT

Selbst einen Kompass bauen

Ihr braucht:
Stabmagnet, Büroklammer, Faden, Klebeband

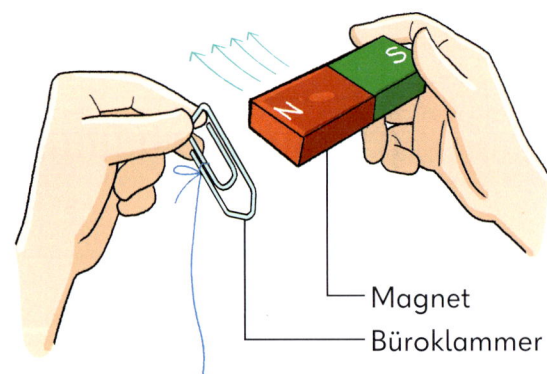
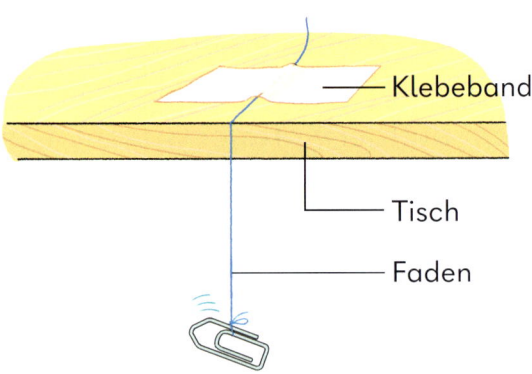

Geht so vor:
Befestigt die Büroklammer an einem Faden. Reibt mit dem Magneten ganz oft immer in gleicher Richtung über die Büroklammer. So wird sie selbst magnetisch.

Klebt den Faden (gleich nach dem Reiben) mit der Büroklammer an der Tischkante fest. Wo ist Norden?

---

1 Einen Magnetkompass anschauen. Die Windrose darauf erkennen und die bewegliche Kompassnadel.
2 Die Kompassnadel ist magnetisch. Sie wird vom magnetischen Nordpol der Erde angezogen, sodass sie nach Norden zeigt. Bei dem Experiment fungiert die magnetisierte Büroklammer als Kompassnadel.

3 Eine Wanderkarte benutzt man zusammen mit dem Kompass. Probiere es auf dem Schulhof aus.

Du hast gelernt: Auf einer Karte ist Norden immer oben. Das heißt aber nicht, dass du automatisch in Richtung Norden stehst, wenn du die Karte in der Hand hältst. Du musst die Karte mithilfe des Kompasses nach Norden ausrichten.

Lege den Kompass so an den Rand der Karte, dass auf dem Kompass das „N" (Norden) nach oben zeigt.

Drehe die Karte bis der Richtungspfeil der Kompassnadel ebenfalls nach Norden zeigt.

Orientierung mit dem Smartphone

Einen Kompass gibt es auch in digitaler Form. In einer Kompass-App zeigt ein digitaler Kompass die Richtung an. So kann man sich mithilfe des Smartphones unterwegs orientieren.

Mein Landkreis

1 Betrachte die Karte und beantwortet die Fragen dazu.

Eine Karte, die die Grenzen zu anderen Gebieten zeigt und Verwaltungssitze nennt, heißt politische Karte.

Landkreise und kreisfreie Städte im Freistaat Sachsen

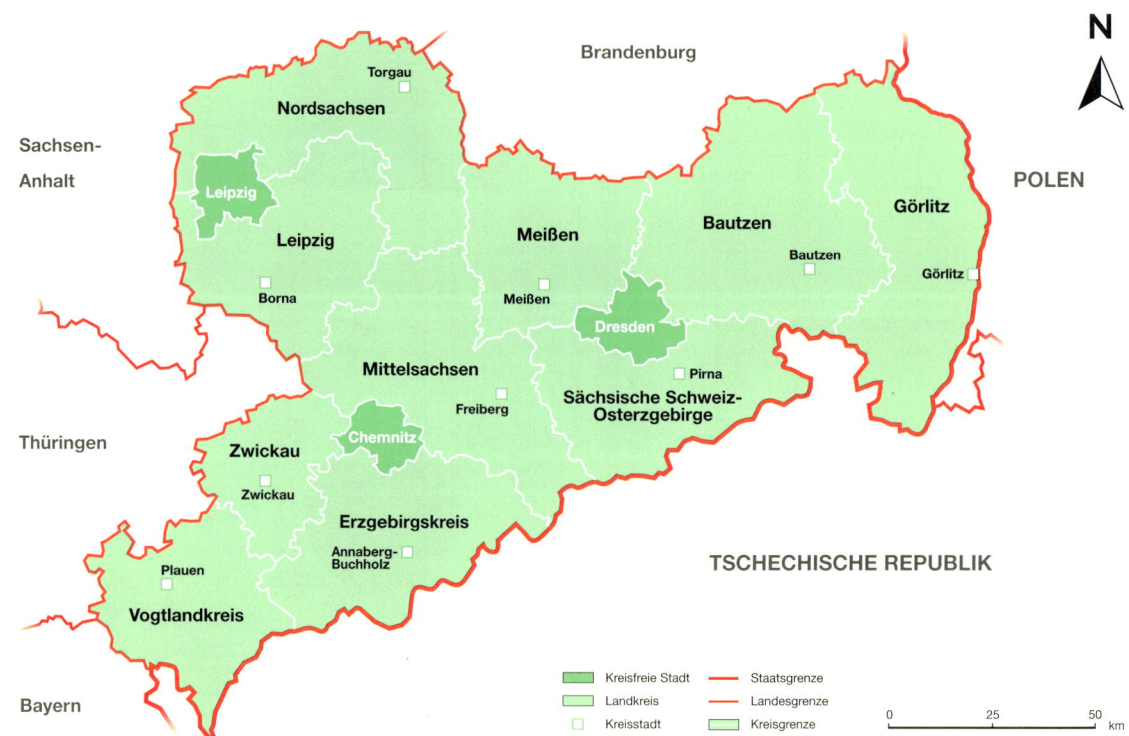

- Wie viele Landkreise hat Sachsen?
- In welchem Landkreis oder in welcher kreisfreien Stadt wohnst du?
- Wie heißen die kreisfreien Städte?
- Wie heißen die Landkreise, die an deinen Landkreis grenzen?
- Welche große Stadt liegt in der Nähe deines Wohnortes?

1 Den Aufbau einer politischen Karte verstehen. Zunächst die Aufteilung des Bundeslandes in Landkreise nachvollziehen, dann den eigenen Landkreis bzw. die eigene kreisfreie Stadt im Bundesland verorten. In Beziehung zu angrenzenden Landkreisen setzen. Die Fragen zur Karte beantworten.

Mein Landkreis

1 Betrachte die Karte und beantwortet die Fragen dazu.

Eine Karte, die die Grenzen zu anderen Gebieten zeigt und Verwaltungssitze nennt, heißt politische Karte.

Landkreise und kreisfreie Städte im Bundesland Sachsen-Anhalt

- Wie viele Landkreise hat Sachsen-Anhalt?
- In welchem Landkreis oder in welcher kreisfreien Stadt wohnst du?
- Wie heißen die kreisfreien Städte?
- Wie heißen die Landkreise, die an deinen Landkreis grenzen?
- Welche große Stadt liegt in der Nähe deines Wohnortes?

1 Den Aufbau einer politischen Karte verstehen. Zunächst die Aufteilung des Bundeslandes in Landkreise nachvollziehen, dann den eigenen Landkreis bzw. die eigene kreisfreie Stadt im Bundesland verorten. In Beziehung zu angrenzenden Landkreisen setzen. Die Fragen zur Karte beantworten.

Mein Landkreis

1 Betrachte die Karte und beantwortet die Fragen dazu.

Eine Karte, die die Grenzen zu anderen Gebieten zeigt und Verwaltungssitze nennt, heißt politische Karte.

Landkreise und kreisfreie Städte im Bundesland Mecklenburg-Vorpommern

- Wie viele Landkreise hat Mecklenburg-Vorpommern?
- In welchem Landkreis oder in welcher kreisfreien Stadt wohnst du?
- Wie heißen die kreisfreien Städte?
- Wie heißen die Landkreise, die an deinen Landkreis grenzen?
- Welche große Stadt liegt in der Nähe deines Wohnortes?

1 Den Aufbau einer politischen Karte verstehen. Zunächst die Aufteilung des Bundeslandes in Landkreise nachvollziehen, dann den eigenen Landkreis bzw. die eigene kreisfreie Stadt im Bundesland verorten. In Beziehung zu angrenzenden Landkreisen setzen. Die Fragen zur Karte beantworten.

Mein Landkreis

1 Betrachte die Karte und beantwortet die Fragen dazu.

Eine Karte, die die Grenzen zu anderen Gebieten zeigt und Verwaltungssitze nennt, heißt politische Karte.

Landkreise und kreisfreie Städte im Bundesland Thüringen

- Wie viele Landkreise hat Thüringen?

- In welchem Landkreis oder in welcher kreisfreien Stadt wohnst du?

- Wie heißen die kreisfreien Städte?

- Wie heißen die Landkreise, die an deinen Landkreis grenzen?

- Welche große Stadt liegt in der Nähe deines Wohnortes?

1 Den Aufbau einer politischen Karte verstehen. Zunächst die Aufteilung des Bundeslandes in Landkreise nachvollziehen, dann den eigenen Landkreis bzw. die eigene kreisfreie Stadt im Bundesland verorten. In Beziehung zu angrenzenden Landkreisen setzen. Die Fragen zur Karte beantworten.

FREUNDESEITE

Eine thematische Karte gestalten

Es gibt verschiedene Arten von Landkarten. Ihr könnt eine Karte zu der Wirtschaft in eurem Landkreis selbst erstellen. Dazu einige Tipps:

- Nutzt eine Umrisskarte eures Landkreises. Sie sollte so groß sein, dass ihr gut darin eintragen könnt.
- Zeichnet größere Orte und die wichtigsten Straßen und Flüsse ein.
- Sortiert nach Industrie – Landwirtschaft – Dienstleistung (Auswahl) – Touristik.
- Wählt nur die wichtigsten Standorte aus, damit die Karte übersichtlich bleibt.
- Nutzt für die Betriebe unterschiedliche Zeichen. Erklärt sie in der Legende.

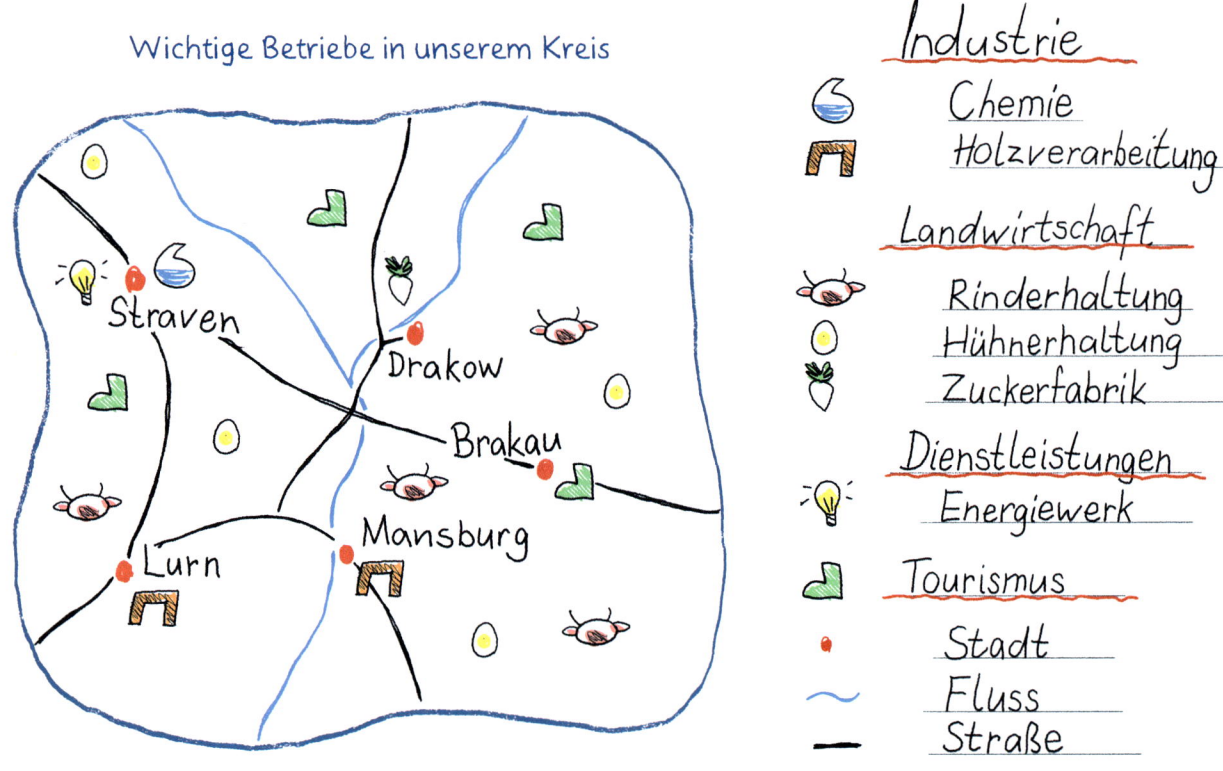

Möchtet ihr weitere thematische Karten von eurem Landkreis erstellen? Hier einige Vorschläge für die Legenden:

GLOSSAR

Alarmplan S. 37
Was muss getan werden, wenn es in der Schule brennt? Wie müssen die Kinder sich verhalten? Was müssen die Lehrer und Lehrerinnen tun? Diese Dinge werden im Alarmplan genau aufgeschrieben. Sobald es einen Alarm gibt, muss der Alarmplan eingehalten werden.

Brauch S. 28
In einer Gemeinschaft von Menschen gibt es oft Handlungen, die immer zu bestimmten Zeiten und auf bestimmte Weise vorgenommen werden. Beispiele sind das Entzünden eines Osterfeuers, ein Dorfumzug oder ein Kartoffelfest. Solche Bräuche sind gut für das Wir-Gefühl der Gemeinschaft und bilden eine → Tradition.

Bürgermeister/ Bürgermeisterin S. 95
Ein Bürgermeister ist der Chef der Verwaltung in einer → Gemeinde. Er bereitet die Sitzungen des Gemeinde- oder Stadtrats vor. Er sorgt dafür, dass auch geschieht, was der Rat beschließt. Außerdem begrüßt er wichtige Gäste einer Stadt oder eröffnet Sportplätze. Er wird von den Bürgern und Bürgerinnen oder vom Gemeinderat oder vom Stadtrat gewählt. Je nach Bundesland beträgt seine Amtszeit 6 bis 9 Jahre.

Drohne S. 97
Drohnen sind unbemannte Fluggeräte. Unbemannt bedeutet: Es sind keine Menschen an Bord. Eine Drohne fliegt computergesteuert oder sie wird von einer Person durch eine Fernsteuerung gelenkt. Die Drohne hat eine Kamera. So lassen sich von hoch oben aus der Luft Fotos machen.

Familie S. 27
Eine Gemeinschaft, in der Eltern und Kinder zusammenleben, ist eine Familie. Familien sind unterschiedlich. In den einen gibt es viele Kinder, in den anderen lebt nur ein Kind. Manchmal sind die Eltern verheiratet, manchmal nicht. In manchen Familien gibt es nur einen Elternteil. In manchen Familien gehören auch die Großeltern oder weitere Verwandte dazu.

Gelenke S. 43
Unser Skelett, also das Knochengerüst, ist beweglich. Dafür sorgen viele Gelenke, wie zum Beispiel das Kniegelenk oder das Schultergelenk. Gelenke verbinden Knochen miteinander. Sie haben verschiedene Formen, durch die unterschiedliche Bewegungen möglich sind. Es gibt diese Gelenkformen: Kugelgelenk, Eigelenk, Sattelgelenk, Scharniergelenk, Zapfengelenk.

GLOSSAR

Gemeinde S. 95
Eine Gemeinde ist ein Ort mit einer eigenen Verwaltung. Der Gemeinderat und der → Bürgermeister entscheiden über Angelegenheiten, die die Einwohner der Gemeinde betreffen. Die Einwohnerzahl von Gemeinden ist sehr unterschiedlich. Eine Gemeinde kann ein Dorf sein oder eine Stadt. Es können sich auch Dörfer und Städte zu einer Gemeinde zusammenschließen.

Intensive Tierhaltung S. 78
In der intensiven Tierhaltung werden sehr viele Tiere auf wenig Raum gehalten. Meistens halten die landwirtschaftlichen Großbetriebe nur eine Tierart, zum Beispiel Hühner. Durch die platzsparende Tierhaltung fallen die Kosten für Ausläufe und Weidenflächen weg. Auch Felder zum Futteranbau werden eingespart, weil sich die Betriebe Futter anliefern lassen. Die Ställe sind so ausgestattet, dass sie mit wenig Arbeitskräften auskommen. Es gibt zum Beispiel Futterautomaten. Die Enge in den Ställen führt jedoch dazu, dass die Tiere gestresst sind. Sie können nicht so leben, wie es ihren Bedürfnissen entspricht.

Kapselfrucht S. 67
Manche Pflanzen wie der Klatschmohn oder der Wiesen-Storchschnabel bilden nach dem Verblühen Kapselfrüchte. Eine Kapselfrucht ist wie ein Ballon aus einer trockenen Hülle. Die Frucht öffnet sich von selbst, wenn sie reif ist. Dabei fallen die Samen heraus. So können sich die Pflanzen vermehren.

Knochen S. 42
Die Knochen geben dem Körper Halt und schützen wichtige Organe wie die Lunge und die Leber. Knochen haben unterschiedliche Größen und Formen. Es gibt zum Beispiel Röhrenknochen, das sind längliche Knochen wie die Arm- und Beinknochen. Knochen bestehen unter anderem aus Knochengewebe. Das ist ein Material, das die Knochen hart macht. Das Knochengewebe sorgt auch dafür, dass neues Knochenmaterial gebildet wird. Deshalb kann ein Knochenbruch von selbst heilen.

GLOSSAR

Legende   S. 62
Eine Legende ist eine Erzählung, die zum großen Teil erfunden ist, aber einen wahren Kern hat. Das bedeutet, dass sie von einer Person erzählt, die wirklich gelebt hat, oder von einem Ort, den es wirklich gibt. Legenden erzählen oft Geschichten über Heilige und ihre wundersamen Taten. Wir verwenden das Wort „Legende" heute aber auch in einem weiteren Sinne. So hat man berühmten Personen immer schon gern etwas angedichtet. Es wird behauptet, dass sie etwas Bestimmtes gesagt oder getan haben. Solche Geschichten werden dann von Generation zu Generation weitergegeben, bis sie sich als erfunden herausstellen. Dann sagt man: „Das ist eine Legende."

Lufttemperatur   S. 25
Die Luft hat eine Temperatur. Sie hängt von der Sonnenstrahlung ab. Die Sonnenstrahlen erwärmen den Erdboden und der erwärmt die Luft darüber. Je mehr also die Sonne scheint, umso wärmer wird die Luft.

Muskeln   S. 43
Damit wir uns bewegen können, brauchen wir nicht nur → Gelenke, sondern auch starke Muskeln. Der Mensch hat über 600 Muskeln. Auch das Herz ist ein Muskel. Die meisten Muskeln im Körper sind Skelettmuskeln. Sie sind mit den Knochen durch Sehnen verbunden. Wenn wir uns bewegen, ziehen sich unsere Skelettmuskeln zusammen und entspannen sich wieder.

Nährstoffe   S. 40
Unser Körper braucht Nährstoffe, damit er wachsen und funktionieren kann. Wir nehmen die Nährstoffe mit der Nahrung auf. Zu den Nährstoffen gehören Kohlenhydrate (zum Beispiel Stärke und Zucker), Fette, Eiweiße, Ballaststoffe, Vitamine, Mineralstoffe und Spurenelemente. Lebensmittel enthalten unterschiedlich viele Nährstoffe. So bestehen Nudeln aus vielen Kohlenhydraten. Fleisch, Fisch, Milchprodukte und Hülsenfrüchte enthalten viel Eiweiß. Im Obst und Gemüse stecken viele Vitamine. Es ist wichtig, dass wir uns abwechslungsreich ernähren. So versorgen wir den Körper mit allen Nährstoffen, die er braucht.

GLOSSAR

Naturschutzgebiet   S. 92
Unsere Natur ist durch die Menschen stark belastet. Wir gestalten die Landschaft um und bauen Straßen und Häuser. Damit die Lebensräume von Tieren und Pflanzen erhalten bleiben, werden vom Staat Naturschutzgebiete eingerichtet. In ihnen wird besonders darauf geachtet, dass die Tiere und Pflanzen geschützt sind. So dürfen Spaziergänger nicht die Wege verlassen und keine Pflanzen pflücken. Ziel ist es, die Vielfalt und Schönheit der Natur zu bewahren. Naturschutz ist aber auch für unsere Gesundheit wichtig. So ist die Luft besser, wenn alte Bäume erhalten bleiben.

Nutztiere   S. 75
Nutztiere sind Tiere, die vom Menschen genutzt werden. Sie liefern je nach Tier Fleisch, Milch, Eier, Honig oder Wolle. Pferde werden zuweilen bei der Waldarbeit eingesetzt, Esel für den Transport von Lasten genutzt.

Öffentliche Einrichtungen   S. 95
Öffentliche Einrichtungen dürfen grundsätzlich von allen Einwohnern einer → Gemeinde genutzt werden. Zu den öffentlichen Einrichtungen gehören Schulen, Bibliotheken, Museen, Theater, Sportplätze oder Schwimmbäder.

Öffentliche Verkehrsmittel   S. 95
Öffentliche Verkehrsmittel dürfen grundsätzlich von allen genutzt werden. Mit ihnen werden Personen oder Güter transportiert. Oft sprechen wir von öffentlichen Verkehrsmitteln, wenn wir die Fahrzeuge des öffentlichen Personennahverkehrs meinen. Dazu gehören Linienbusse, Straßenbahnen und U-Bahnen in einem Ort. Wer diese Verkehrsmittel benutzen möchte, benötigt eine Fahrkarte oder einen Fahrausweis.

Ökologische Tierhaltung   S. 78
In der ökologischen Tierhaltung sollen die Tiere möglichst so leben können, wie es ihren Bedürfnissen entspricht. Im Stall haben die Tiere so viel Platz, dass sie nicht gestresst sind, außerdem haben sie Auslauf im Freien. Eier, Milch und Fleisch aus ökologischer Tierhaltung werden Bio-Lebensmittel genannt. Um die Lebensmittel als „Bio" verkaufen zu dürfen, müssen die Landwirte strengere Regeln einhalten als andere. Zum Beispiel muss das Tierfutter aus ökologischem Anbau stammen. Das heißt, dass kein künstlicher Dünger und keine Pestizide verwendet wurden. Pestizide sind Pflanzenschutzmittel, die für die Umwelt schädlich sind.

GLOSSAR

Optische Täuschung   S. 45
Manchmal täuschen uns unsere Sinne. Wir hören, spüren oder sehen etwas, was gar nicht da ist. Der Grund ist ein Missverständnis zwischen unseren Sinnesorganen und dem Gehirn. Ein Sinnesorgan meldet Informationen, die unser Gehirn falsch deutet. Täuschungen, die das Sehen betreffen, werden optische Täuschungen genannt. Wir sehen Muster oder Farben an Stellen, wo sie gar nicht sind. Wir nehmen Bewegungen wahr, wo keine sind, oder schätzen Entfernungen falsch ein.

Outback   S. 6
Als Outback werden Wildnisgebiete in Australien bezeichnet, die gar nicht oder nur wenig bewohnt sind. In manchen Gebieten können keine Menschen wohnen, weil es dort zu heiß ist. In anderen Gebieten gibt es Ortschaften und Farmen. Die Bewohner versorgen sich weitgehend selbst, weil sie abgelegen von großen Städten leben.

Radarbild   S. 20
Auf einem Radarbild kann man zum Beispiel die Niederschlagsmengen in einem Gebiet sehen. Das Bild wird von einem Regenradar erzeugt. Das ist ein Gerät, das den Wassergehalt in Wolken messen kann. So lässt sich feststellen, ob und wo es regnen wird.

Rohstoff   S. 102
Rohstoffe sind unbearbeitete Stoffe, die aus der Natur kommen. Aus der unbelebten Natur kommen Bodenschätze wie Erdöl oder Eisenerz. Aus der belebten Natur kommen zum Beispiel Holz oder Wolle. Der Mensch nutzt die Rohstoffe. Er verwendet sie direkt oder bearbeitet sie zunächst. So wird aus Eisenerz Stahl erzeugt. Viele Rohstoffe gibt es nicht unbegrenzt. Irgendwann werden ihre Vorräte zu Ende gehen.

Rote Liste   S. 92
Auf der „Roten Liste gefährdeter Tiere, Pflanzen und Pilze Deutschlands" stehen Tier- und Pflanzenarten, die es in Deutschland nur noch selten gibt oder die gar nicht mehr gesichtet werden. Zahlen von 0 bis 3 geben darüber Auskunft, wie gefährdet das Tier, die Pflanze oder der Pilz ist. Die Zahl 1 bedeutet zum Beispiel „vom Aussterben bedroht". Die Rote Liste für Deutschland wird vom Bundesamt für Naturschutz herausgegeben. Es gibt auch Rote Listen für die einzelnen Bundesländer.

GLOSSAR

Satellit S. 20
Ein Satellit ist ein Himmelskörper, der einen anderen Himmelskörper umkreist – wie der Mond die Erde. Es gibt aber auch künstliche Satelliten. Sie werden von Menschen gebaut und mit Raketen in das Weltall gebracht. Tausende von ihnen umkreisen die Erde. Mit ihrer Hilfe kann man zum Beispiel das Wetter beobachten oder die Erdoberfläche fotografieren.

Stockwerk der Wiese S. 88
Auf einer Wiese wachsen Pflanzen verschieden hoch, deshalb kann man sagen, sie bilden Stockwerke wie in einem Haus. Die Bodenschicht ist sozusagen der Keller. Dort leben viele kleine Tiere wie der Regenwurm. Darüber kommt die Streuschicht, das ist das Erdgeschoss. Hier wachsen niedrige Pflanzen. Tiere wie Laufkäfer, Ameisen und Schnecken besiedeln die Schicht. Es folgt die Blatt- und Stängelschicht, das ist das Mittelgeschoss. An den Stängeln und Blättern der Pflanzen bauen Spinnen ihre Netze, sitzen Schmetterlingsraupen und suchen Heuschrecken Nahrung. In der Blütenschicht, also im Obergeschoss, finden Schmetterlinge, Bienen und Hummeln ihre Nahrung.

Tradition S. 28
Zur Einschulung gibt es eine Schultüte, zu Weihnachten wird ein Weihnachtsbaum aufgestellt, und am ersten April macht man Scherze. Wenn → Bräuche über viele Jahre hinweg gepflegt und von einer Generation zur nächsten weitergegeben werden, spricht man von Traditionen.

Wetterstation S. 20
In einer Wetterstation befinden sich Messgeräte, die zum Beispiel die Temperatur, die Windgeschwindigkeit und die Dauer des Sonnenscheins messen. Die Messwerte werden für den Wetterbericht benötigt. In manchen Wetterstationen arbeiten Leute. Oft sind die Messgeräte aber in Wetterhütten untergebracht; das sind Kästen, die in der Landschaft stehen. Die Daten werden regelmäßig abgelesen.

Zellen S. 40
Der Körper besteht aus Billionen von Zellen. Sie sind so klein, dass man sie nur unter dem Mikroskop erkennen kann. Wenn wir etwas essen oder trinken, nehmen die Zellen Nährstoffe auf. Diese werden über das Blut in die Zellen transportiert. Zellen liefern uns alles, was wir zum Leben brauchen. Sie erzeugen Energie, sodass der Körper zum Beispiel wachsen kann. Es entstehen immer wieder neue Zellen. Sie ermöglichen Heilung bei vielen Krankheiten oder Verletzungen. Alte Zellen sterben ab.